筑梦

未来

张勇明　韩红勤 ◎ 著

初中生涯教育的
实践与思考

Building
a Dream
for
the Future

上海社会科学院出版社
SHANGHAI ACADEMY OF SOCIAL SCIENCES PRESS

图书在版编目(CIP)数据

筑梦未来：初中生涯教育的实践与思考 / 张勇明，韩红勤著. — 上海：上海社会科学院出版社，2024
ISBN 978 - 7 - 5520 - 4239 - 9

Ⅰ.①筑… Ⅱ.①张… ②韩… Ⅲ.初中生—职业选择—教学研究 Ⅳ.①G635.5

中国国家版本馆 CIP 数据核字(2023)第 181716 号

筑梦未来——初中生涯教育的实践与思考

著　　者：张勇明　韩红勤
责任编辑：路　晓
封面设计：徐　蓉
出版发行：上海社会科学院出版社
　　　　　上海顺昌路 622 号　邮编 200025
　　　　　电话总机 021 - 63315947　销售热线 021 - 53063735
　　　　　http://www.sassp.cn　E-mail：sassp@sassp.cn
排　　版：南京展望文化发展有限公司
印　　刷：上海景条印刷有限公司
开　　本：890 毫米×1240 毫米　1/32
印　　张：6.75
字　　数：144 千
版　　次：2024 年 1 月第 1 版　2024 年 1 月第 1 次印刷

ISBN 978 - 7 - 5520 - 4239 - 9/G·1275　　　　定价：36.00 元

版权所有　翻印必究

本 书 编 委

（按姓氏笔画排列）

方 莼	朱素英	朱敏强	许 铭	李 冲
李钉杏	杨 康	吴 婷	吴湘英	沈 陈
张建宁	陈 进	周 益	赵敏燕	胡 俊
胡婷婷	夏中伟	顾天学	徐 刚	梁 志
蒋巧妮	鲁云霞	管春华		

序一　筑心成志,梦行天地

陈燕飞(昆山市教育局副局长)

昆山市娄江实验学校创建于2010年,是一所年轻有活力的学校。自2017年起,娄江开始推行亲子研学课程,致力于探索生涯教育。多年来,学校一直处于生涯教育的前沿,积累了丰富经验。通过这本《筑梦未来——初中生涯教育的实践与思考》看到娄江在生涯教育上取得的成就,为他们感到高兴。

长期以来,生涯教育在许多学校中长期缺失,对学生产生了系统性影响。很多高三学生在高考前没有做好准备,填报志愿变成一个痛苦的过程。他们或因成绩不满意而沮丧,或习惯依赖家长意见,或根本不知如何选择未来。结果他们对未来预期模糊,把志愿决定权交给父母、亲戚朋友或外部机构。然而,这些人往往不真正了解学生,只能根据分数和专业热门度帮助其选择大学、专业和城市。学生参与缺失,结果是他们去上的大学和从事的专业并非真正意愿,影响了一生幸福。

2014年,《关于深化考试招生制度改革的实施意见》推出,引领了新一轮高考改革。传统的文理分科逐渐被"3+3""3+

1+2"等自由度更高的选课模式所取代。学生有权自主选择考试科目,体现了新高考改革的综合性和系统性。新高考给予学生更自由的选择,但同时对教育系统提出更高要求。新高考需要学生在选科时就对未来希望就读的专业有所思考。

然而,如何思考,何从思考?

高中生在文理分班时很难做出判断,难以做出选择。生涯选择需要基于对自我、社会及未来领域的了解。然而,学校系统无法提供足够的课程帮助学生认识自己。获得生涯能力需要经历小学的启蒙、初中的体验,对文理分科有基础的理解,才能在高中阶段做出关键决策。高中需考虑大学、职业方向选择,而不是基础启蒙。只有建立在系统认知基础上,才能做出理性决策。

目前高中的生涯课程通常只停留在"规划"层面,缺乏深入理解和系统解决方案。小学和初中阶段的生涯教育被忽视。志不求易者成,事不避难者进。在这样的背景下,昆山市娄江实验学校承担起了义务教育阶段生涯课程的探索。学校整合多年来在生涯教育领域的经验,并组织骨干教师攻坚,创建了以学生为中心的生涯教育模式。

立德树人是教育的根本任务,娄江生涯教育模式与学校德育目标高度契合。该模式从学生需求出发,通过顶层设计、组织管理系统和社会资源融合,实施学生生涯成长指导体系,最终实现学生自主发展。

学校充分整合内外部资源,系统性开设生涯校本课程,确保教师和学生在生涯教育上的时间投入,培养生涯文化氛围,并注重整体推进生涯建设。

学校与家长、社会专业人士、知名企业和大学多方合作,构建了学校、家庭和社会的协作系统。学生走出校园,走进企业了解行业,走进大学了解专业;同时,家长进入课堂分享职业经验,帮助学生认识世界、培养规则意识,形成正确的职业观、奉献观和学习观。

这种教育模式强调终身学习意识,让学生养成持续学习的习惯、自主学习的动力、人际交往能力和问题解决素养,使他们能够动态思考并适应不确定的未来。通过目标设定、计划实施和评价评估的体验,学生对自我和社会有了更深入的认知,同时培养了生涯品格,使学生能够自主规划和设定目标,形成良好的生涯规划能力。

2022年教育部发布的义务教育新课程方案和课程标准对这种前沿探索提出了新要求。新课程明确了新时代人才培养的新要求,在思想性、科学性、时代性、整体性和指导性方面取得了历史性突破,为未来学校的育人蓝图提供了依据。作为素质教育的重要组成部分,生涯教育在义务教育阶段不可或缺。娄江率先在昆山义务教育阶段实施生涯教育,具有前沿性和开创性,是全面育人的体现。

志之所趋,无远弗届,穷山距海,不能限也。愿娄江在青少年生涯教育探索的道路上矢志不渝地走下去,踔厉奋发、笃行不息。

序二　初中生涯教育的意义

熊丙奇(21世纪教育研究院院长)

初中也要开展生涯教育吗？初中生涯教育,有什么意义？

这本记录昆山市娄江实验中学实施生涯教育全过程的专著《筑梦未来——初中生涯教育的实践与思考》给出了明确的答案。初中生涯教育,是培养初中学生综合素质,促进学生学会自主学习、自主管理、自主规划的重要教育。昆山市娄江实验中学的生涯教育实践与思考,为所有初中学校开展生涯教育提供了一个可以借鉴的样本。

一、什么是生涯规划？

对于生涯规划,不少学生与家长,都存在非常狭隘的理解。

有人认为,生涯规划就是升学规划,主要考虑怎样进更好的学校。对高中生来说,是怎么样进更好的大学、选更好的专业;对初中生来说,就是怎样进一所更好的高中。

还有人认为,生涯规划就是职业规划。从职业规划这一角度看,更多的初中生和初中生家长认为,孩子现在连高中都没上,怎么去考虑未来的职业问题？甚至有很多高中生和高中生家长也认为,大学还没有上,怎么考虑大学毕业之后的职业选择与职业发展？

生涯规划当然包含升学规划和职业规划,但这并不是生涯规划的全部,全面的生涯规划包含以下几个方面：

一是兴趣培养。要在求学过程中,发现、探索、培养自己的兴趣,包括学科兴趣、专业兴趣、职业兴趣等,根据自己的兴趣,来进行有关的学习选择以及升学选择。昆山市娄江实验中学对生涯教育的理解正是基于学生的兴趣与内驱力激发,"为学生生命意义的建构提供力量,帮助学生找到并实现自身的生命价值"。

二是学业发展。每个学生的学业发展和未来的升学规划、职业规划是一体的。因为选择什么样的职业,显然需要具备该职业所需要的能力和素养,这需要做好准备。其中,学业水平是评价一个学生能力与素质的非常重要的因素,要结合未来的升学和职业发展,做好当下的学业发展规划。

三是升学规划。初中学生面临中考的升学选择。有不少初中生家长认为,中考竞争甚至比高考竞争还激烈,因为从总体上看,虽然当前的高中毛入学率很高,超过90%,中考的整体录取率也很高,几乎所有初中毕业生都可以升入高中阶段就读。但是,很多家长关注的是普高录取率,不是普高加中职的录取率。由于存在普职分流,家长担心自己的孩子被分流到中职。每年中考,都会有家长热议普职1∶1相当这个话题,抱怨有50%的初中毕业学生要在中考之后分流到中职。这其实是以讹传讹,当前全国的普职比为 6.5∶3.5，且还在不断走高，并非 1∶1，但热议折射出社会存在的中考焦虑。与之对应，也就要关注中考升学规划，在现行的中考政策之下，怎么选择进入一所适合自己的高中，更好地实现自己的学业发展显得格外重要。

四是职业发展规划。选择高中、在高中阶段选科，以及在高考后填报高考志愿选大学、选专业，都和未来的职业发展有着非常密切的关系。全面的生涯规划显然不只是升学规划，也不只是职业规划，而是一个一体化的人生发展规划。昆山市娄江实验中学提出，教育需要从功利化教育观向长期主义教育观进行转变，并认为，长期主义是基于长期的目标或结果而行动或制定决策，基于长期目标进行布局的教育理念和方法就是长期主义教育观。初中践行长期主义教育观，就要从学生的全面发展和终身发展出发，为学生打好基础。

二、生涯规划教育培养的四大能力

生涯规划教育，从根本上说，是对学生进行能力培养的教育，也是以学生为本的教育。重视学生的生涯规划教育，要重视学生以下四大能力的培养：

一是识别能力。我在哪儿？我在什么位置？进行规划，首先要了解自己所处的社会环境，找准自己的定位。这要求学生要认识社会、分析自己所处的环境。比如，今天我们的教育环境是什么？我国的教育已经普及化了，高等教育毛入学率在 2022 年达到 59.6%，也就是说，100 个 18 岁到 22 岁的适龄学生中，已有近 60 个是大学生，我国每年的大学毕业生人数已经超过

1 000万,这就是我们所处的教育环境,与20年前已经完全不同,2002年时,我国的高等教育毛入学率只有15%,100个18岁到22岁的适龄学生中,只有15个是大学生。不能外部环境已经变了,自己还在用传统的观念来看待外部环境,这就会出现定位的问题。

每个学生都应该去了解社会,要学会收集信息、比较信息、分析信息,在这一过程中,培养学生的识别能力。而识别能力最核心的就是思考能力和观察能力,要学会观察外部环境,进行独立的思考分析,由此做出客观、准确的判断。

二是认知能力。我是谁?这不是一个容易回答的问题,但对于做好个性化的生涯规划极为重要。每个初中学生要理性地认知自己的兴趣、能力、特长。但遗憾的是,很多初中学生对自我的个性、兴趣的认知是缺失的。主要体现在两个方面:

一方面是家长包办代替。在幼儿园、小学、初中阶段,很多家长送孩子去上兴趣班,本来兴趣班是为了发展孩子的兴趣,这才叫兴趣班,可现实却是不管孩子有没有兴趣,都让他去上兴趣班,孩子"被兴趣",这反而不利于培养孩子的兴趣。

我国曾经一段时间出现"全民奥数",不管有没有数学兴趣、特长都上奥数。近年来,为治理奥数热,我国对义务教育阶段的学校招生进行规划,要求"公民同招"、电脑摇号录取,并取消奥赛竞赛加分等。"全民奥数"就反映出家长功利地对待孩子的兴趣,不是从孩子自身兴趣角度出发,去发展孩子的兴趣。

另一方面是不准孩子有自己的兴趣。就是如果孩子有兴趣,他想发展这一兴趣,家长却阻止其兴趣发展,为什么?要看兴趣是否与中考、高考挂钩,如果不与中考、高考挂钩,很多家长就会说,你把这么多的时间用在这些方面,会影响到你的学习,因此就不让孩子发展他的兴趣,久而久之,就导致孩子没有自己的兴趣。

因此,一方面要给孩子自主发展空间(我国正在推进"双减","双减"的目的就是减轻学生的学业负担,把"减出来"的时间交给学生,去发展他的兴趣);另一方面,要创造发展学生兴趣的环境,引导孩子去发现他的兴趣、个性、特长,理性分析自己的个性和兴趣。

当前,我国中小学生的心理问题日益严重。而心理问题严重的一个重要原因是,对孩子的期望过高,孩子的能力与期望有很大的差距,随之就会产生巨大的压力,出现因无法达到目标的心理失衡问题。

昆山市娄江实验中学的生涯教育,较好地解决了这一问题。学校以心理教育为重点,围绕情绪管理、自我探索、性格培养、价值观引导开展的系列活动,在帮助学生建立价值观的同时,也帮助他们加深了对个人与社会、个人与群体之间关系的理解。例如,学校在心理主题月中开展的"自信助我成功"心理课活动,以自我认识为主线,辅以情绪管理等内容,带领学生了解自己的性格、兴趣、能力和价值观。

三是决策能力。我要去哪儿?每个学生要根据所处的环境,结合自己的个性、兴趣、特长来确定自己的发展方向、目标。中考阶段,学生就面临诸多选择,比如,是读国内普通高中,或是去读国际高中,还是在初中毕业之后直接出国留学,虽然我们在治理留学低龄化，但还是有部分的学生可能会有这样的考虑。再比如，进普高，也有自主招生、名额分配、统一招生等多种不同路径，走哪一条路径，准备进哪所高中，都需要进行选择。选择要结合自己的个性、兴趣、能力和政策来进行。这就牵涉到有无进行选择的决策能力。

四是执行能力。执行能力是落实计划、实现目标的能力。确定目标后，要制订相应的计划，并落实计划，在这一过程中，要培养自己的执行能力。

从2020年到2022年，我们很多学校都经常把线下课改为线上课，我们很多学生也被称为"网课一代"。本来，在线教育具有突破时间、空间限制的优势，学生们在家里就可以上网课，获得更多的在线教育资源。但是，上网课之后发现一个问题，网课的质量其实没有线下课高，一方面是因为它的个性化、交互性比较弱，更重要的问题是，它对学生的自主学习能力、自主管理能力要求很高，可学生却缺乏这方面的能力，这令家长很头疼。孩子在家里上网课，如果没有家长在旁边盯着，就可能打游戏、浏览其他网页去了。

为什么会出现这一问题？其实就是学生的自主学习能力和自主管理能力欠缺。自主学习能力和自主管理能力要在执行计划过程中培养。"双减"有一个规定，要求学校不能把学生作业变成家长作业，不能布置家长批改孩子作业的任务，对此，有不少家长问：那该怎么辅导孩子作业？

其实，家长不要辅导孩子作业，因为辅导孩子作业不是家长的职责。对此，家长质疑，那家长的职责是什么？难道不要关注孩子的学习成绩吗？我们很多家长陪读、批改孩子作业、监督孩子完成作业，反而不利于孩子的自主学习能力的培养，会助长孩子养成依赖性，一旦离开家长的监督，他就不知道怎么学了。

家长更应该培养孩子的能力，实际上就是确定目标、制订计划、落实计划这样的能力。在这一过程中，逐渐培养孩子的自主学习能力，孩子即便离开了监督，也照样能够更好地学习。

随着孩子的学龄不断增长，对自主学习能力的要求将越来越高，到了高中阶段，学生的成绩会发生很大的分化。可能在初中时学业水平差不多的学生，在高一的时候，突然有的学生成绩很好，而有的学生可能就跌下来了。这背后的原因是什么？就是孩子的自主学习能力问题。自主学习能力强，就更加适合高中教学环境。到了大学阶段，有无自主学习能力，对学生的学业发展影响更大，因为大学的学习环境要求学生更加自主，大学的老师、辅导员，不可能再像高中的班主任那样来盯着学生。为此，要重视培养学生的执行能力。执行能力，说到底就是自主学习能力和自主管理能力。

概括起来，生涯规划教育培养学生的四大能力，第一是识别能力，它解决的是"我在哪儿"的问题，要理性进行自我定位。第二是认知能力，它解决的是"我是谁"的问题，要求理性认知自我的个性兴趣。第三是决策能力，它解决的是"我要到哪儿去"的问题，理性确定自己的发展方向和目标。第四是执行能力，它解决的是"我怎么去那个地方"，以适合自己的方法完成自己确定的目标。

昆山市娄江实验中学的生涯规划教育十分重视培养学生的

四大能力。校内生涯核心课程设计围绕"自我认知、社会认知、生涯探索和个人成长"四个方面展开。在自我认知板块,通过符合学生年龄阶段的各类教学活动,让学生掌握了解自己的方法,知道如何了解自己的兴趣、能力、性格、价值观,如何进行情绪识别和发现自己的支持系统。在社会认知板块,让学生了解社会发展、职业变迁、经济发展与就业形势,懂得社会评价体系的建立和发展。这个阶段的学生,在个人成长方面,需要核心品格的建立和习惯的养成,所以个人成长板块的教学主题,包括品格塑造、高效学习、健康习惯、终身学习、面对同辈压力,等等,以此培养学生的自我管理能力和选择规划能力,这些能力的培养不仅仅是帮助学生进入一个好的高中、好的大学,更是为大学之后的人生发展做好准备。在生涯探索板块,课程的设计既教会孩子如何去进行梦想探索,又教会孩子如何进行计划设定、目标分解,把一个个的生涯梦想拆成一个个切实可行的小目标。既仰望天空,又脚踏实地。

三、初中生涯规划教育的内容

每一个成长阶段的生涯教育内容,是不一样的,因为每个个体所处的环境不同,承担的社会职责不同,个性兴趣不同,能力也不同。具体到初中,初中阶段的生涯规划教育主要包含以下三个方面的重要内容。

一是学业发展。这是所有家长和学生都会关注的一个非常重要的内容。当前,学生的学业发展,会强调学生的学科知识学习。简单来说,就是语文考多少分、数学考多少分,学校和家长都要求学生要根据教材内容,吃透教材的各个知识点,还给学生买教辅读物、布置很多习题等,通过反复的刷题,"牢固"掌握学科知识。

但是,只重视知识教育,只学会学科知识是远远不够的。而且,我们的学科知识学习,还存在应试化的问题。我们已经进入人工智能时代,这是一个更加需要创新能力的时代。为此,应强调在学科知识学习之外,培养学生的学科素养。我国正在进行义务教育阶段的课程改革,其核心就是,要在关注学生的学科知识学习的同时,重视培养学生学科素养,要培养学生从学会知识到学会学习。

学会知识和学会学习是不一样的。学会知识强调把知识背下来,可以用死记硬背的方式加以掌握;而学会学习则是通过学习知识的过程,来学会学习。未来社会是科技快速变化的社会,甚至有人讲,在人工智能时代,大概还有70%的新职业没有出现。这意味着,很多在课堂上学习的知识,在离开校园时,就已经过时了。如果只掌握知识,而没有学习的能力,那怎么去应对外部社会的快速变化、应对未来职业的挑战呢?这就要求学生要学会学习。只要拥有学会学习的能力,不管社会怎么变化,你都可以快速地通过你的学习能力,来掌握这些新知识、新技术,适应社会变化的挑战。因此,初中的学业发展,需要结合学校的课程教学安排,重视学生在学会知识的同时学会学习。

二是初中综合素质培养。大家知道,我国的基础教育存在应试化倾向,国家对基础教育问题的判断就是存在应试化、功利化倾向,而应试化、功利化就会带来短视化。所谓短视化,有一句很形象的话叫"升学有用、读书无用"。可能大家还不理解什么叫"升学有用",就是跟升学有关,我们认为是有用的;跟升学无关的,则被认为是"无用"的,"无用"的我就不学。现实中,很多学校和学生存在"考什么就教什么,教什么就学什么,不考就不教就不学"的功利学习问题。这导致基础教育育人出现很大问题,比如,大家都知道身体健康很重要,可以前高考、中考不考体育,因此,学校就不重视体育,学生也就不好好上体育课,不重视体育锻炼。

为解决这一问题,我国各地都把体育纳入中考,还提出要不断提高中考体育的分值,可提高体育分值,又带来一个新问题,即出现应试体育倾向。有的学校上体育课,就围绕体育测试项目进行体育训练,还有的学生,为提高体育中考的成绩,参加校外的体育培训班,由此导致新的体育应试和体育内卷。

初中应该培养学生综合素养。"五育并举",德智体美劳全面发展,对学生的健康成长非常重要。基础教育是为每个学生未来成长、发展奠基的教育,"五育并举",就是要在基础教育阶段为每个学生打好良好的基础。中学生的核心素养,包含学会学习、健康生活、责任担当、实践创新、人文底蕴、科学精神等 6 个方面。

学校要从学生健康成长、成才角度出发,关注孩子的综合素质培养,重视除知识教育之外的心理教育、生活教育、生命教育等。只关注分数、关注知识教育,忽视了孩子的身心健康,将导致孩子出现身心健康的问题。如果一个学生没有良好的身心状态,不可能成为一个合格的人才,更难成为优秀人才、拔尖人才了。

三是初中升学规划。中考是每个学生人生中一个非常重要的"关口",加之中考存在普职分流,因此,要做好初中升学规划。普职分流本是符合社会对人才的需求,以及人才能力分化规律的做法。但是,由于职业教育被视为"低人一等"的教育,普职分流变为普职分层。虽然2022年我国出台了新的《职业教育法》,不再提分流,而是提"协调发展、职普融通",但当前,高中教育还有普高和中职,因此,初中毕业生也就面临现实的升学选择。

随着老龄化社会、少子化时代的到来,有一些人士建议取消中考、取消中职、发展普高、缩短学制,发展10年的义务教育,这得到很多家长的支持。但实际上,这并不现实,至少在相当长一段时间里,还会有中考,初中毕业生还会面升学的选择,这是需要理性看待的。在存在中考的情况下,必须学会进行选择,每个学生要结合中考政策、自身的个性和兴趣,选择适合自己的升学路径。

而如何开展生涯教育,答案就在《筑梦未来——初中生涯教育的实践与思考》一书中。期待本书的出版,能给更多初中学校开展生涯教育以启迪。

前言

初中生涯教育是一项重要的教育内容,它关系到每一个学生的未来。初中生涯教育对于学生的个人发展和未来的职业发展都具有重要意义。它有利于培养高素质人才,完善自我认知,提高社会认知度,使学生在青少年阶段就能够理性确立自己的理想和追求,从而向着目标努力奋进。本书《筑梦未来——初中生涯教育的实践与思考》记录了昆山市娄江实验中学实施生涯教育的全过程,从教育理想到教育落地,从生涯教育的探索到校内生涯课程体系打造,从生涯支持系统的建立到整体评估和学生案例,全面地展示了娄江实验学校在生涯教育方面的经验和做法。

娄江实验学校搭建的校内生涯课程体系以学生为中心,从学生需求出发,根据顶层设计与组织管理系统的战略架构,依托社会支持与资源融合,经由学生生涯成长指导体系,特别是校内生涯课程作为核心内容的有效实施,为学生提供积极的生涯体验,引导学生自主管理、自主发展,提升自身素养。

本书总共分为五个章节。第一章节介绍了生涯教育的概念和发展历程，总结了国外实施生涯教育的优秀经验。同时，分析了我国开展生涯教育所面临的挑战和现实意义，并明确了义务教育阶段的核心任务以及学校长远的教育价值追求。第二章节详细列举了学校在过去几年中开展生涯教育方面的尝试，包括取得的阶段性收获、反思过程以及基于反思的新的发展战略。第三章节则进一步深入、详细地介绍了学校内部的生涯课程体系构建和评价方式。第四章节从学校、社会、家庭三个方面介绍了生涯教育支持系统的建立，为学生的生涯成长提供了全面的帮助和支持。第五章节则展现了学校在开展生涯教育过程中所收集到的评估数据，这些数据为学校今后继续推动生涯教育提供了方向，并增强了学校推动生涯教育的信心。

最后，本书旨在为同类型学校提供参考，希望能够对初中生涯教育工作者、家长和广大读者有所启示和帮助。

目录

1 ▶ 序一 筑心成志,梦行天地
4 ▶ 序二 初中生涯教育的意义
15 ▶ 前言

1 ▶ **第一章 从教育理想到教育落地**
  第一节 生涯教育的概念和发展历程 / 4
  第二节 国外生涯教育的启示 / 12
  第三节 在我国开展生涯教育的挑战及现实意义 / 22
  第四节 义务教育阶段的核心任务 / 28
  第五节 长期主义视角下的教育价值追求 / 32

37 ▶ **第二章 生涯教育的探索**
  第一节 生涯探索阶段的尝试 / 39
  第二节 生涯探索阶段的收获 / 49
  第三节 生涯探索阶段的反思 / 54
  第四节 从"生涯探索"到"整体构建" / 57

71 ▶ 第三章 校内生涯课程体系打造
第一节 课程设计背景 / 73
第二节 课程目标 / 77
第三节 理论基础 / 82
第四节 课程框架 / 88
第五节 课程评价 / 99

113 ▶ 第四章 生涯支持系统的建立
第一节 学校篇：校园文化的建设 / 115
第二节 学校篇：生涯师资队伍建设 / 125
第三节 社会篇：社会资源的系统性建立 / 133
第四节 家庭篇：家长生涯意识的培养 / 145

153 ▶ 第五章 整体评估和学生案例
第一节 生涯探索能力的过程性评估数据与分析 / 156
第二节 生涯探索能力的总结性评估数据与分析 / 163
第三节 德善少年生涯品格评估数据与分析 / 176
第四节 学生案例分享 / 182
第五节 基于评价的反思与展望 / 189

192 ▶ 参考文献

第一章 从教育理想到教育落地

在新高考改革的推动下,生涯教育在基础教育阶段也逐步展开。中小学阶段是学生世界观、人生观和价值观形成的重要时期,也是初步确定人生发展方向的关键时期。此时,加强生涯教育,培养学生生涯决策能力,可以帮助他们明晰未来的发展方向,更好地适应未来职业发展,成为对社会有用的优质人才。这是社会发展的需要,也是学生发展的内在需求。

为此,近年来,昆山市娄江实验学校[①]秉承"每一滴都最美"的教育理念,坚持"特色办学,文化立校",以学生发展为中心,充分整合家长资源、社会资源,搭建了从小学到初中"全方位、全员、全过程"的大生涯教育体系,打造了系列本土化的特色生涯教育课程。

学校坚持立德树人的根本任务,为落实育人目标、满足学生多样化的发展需要,搭建了以生命课程为基础,以生活课程、科学课程、艺术课程为主干,以国学、国际"特色课程"为补充的课程体系,从自主发展、社会参与、夯实文化基础三个维度,聚焦培养全面发展的"德善娄江学子"。学校创建了以学生为中心的生涯教育模式,该模式以学生需求为导向,依托社会各方资源构建校内生涯教育体系,给予学生充分、全面、自主的生涯探索,从而找到自己的正确定位。

在持续的探索和实践中,昆山市娄江实验学校让生涯教育蓝图落地,为学生终身发展赋能,努力让每个学生都能成为肩负

---

① 昆山市娄江实验学校是一所九年一贯制学校,创办于 2010 年 9 月,并在当年投入使用。2022 年 9 月,昆山市娄江实验学校教育集团分为昆山市娄江实验小学教育集团和昆山市娄江实验中学教育集团。本书中提到的昆山市娄江实验学校指的是 2022 年 9 月之前,昆山市娄江实验中学指的是 2022 年 9 月之后。

未来建设祖国重任的"德善"之人。

第一节　生涯教育的概念和发展历程

一般来说,生涯教育指的是职业生涯教育(career education)。这里需要留意的是,职业教育和生涯教育是不同的。《教育大辞典》将职业教育定义为"进行科学、技术学科理论和相关技能学习的教育以及着重职业技能训练和相关理论学习的教育"。与其他类型教育比较,职业教育偏重理论的应用和实践技能、实际工作能力的培养,大都以高级中学阶段和高等专科阶段为起点,也有的从初级中学阶段开始。职业教育的目标是教导学生如何谋生,其教学过程就是培养学生的工作能力。生涯教育的目标即帮助人完成生涯准备,并在社会上找到自己的生涯路径,实现自我价值与社会价值的完美融合。

生涯(career),源自古罗马文"Via carraria(马车道)"和拉丁文"carrus(马车)",指驾驭赛马,蕴含着未知、冒险、克服困难的精神。后来这个词被引申为"道路",意思是人生的发展道路与轨迹,又指一个人一生在不同阶段和环境中所扮演的各种角色。

生涯教育起源于美国,其理论渊源可以追溯到20世纪初。随着时代变迁,生涯教育在国内外都得到了不同程度的发展,以美国为代表的生涯教育已经形成了较为成熟的理论和实践体系,而它的发展历程也代表着整个生涯教育发展和成熟的过程。

回顾生涯教育的发展,依据不同的时代特征和发展特点,它主要经历了关注静态的人职匹配阶段、关注动态的个体发展阶段以及多样化的生涯理论发展阶段。

初始阶段:1900 年至 1940 年,关注静态的人职匹配阶段

工业革命以后,在科技发展迅速、大规模移民以及城市化进程加速的背景下,劳动力市场上的职业结构与职业要求产生了新的变化。西方国家产生了许多前所未有的新兴职业,人们难以准确了解各种职业的信息,做出恰当的就业选择;同时,农业社会向工业社会转型,社会分工逐渐精细化,也导致职业岗位对从业人员劳动技能要求不断提高,人职之间的合理匹配成为当时社会亟待解决的课题。

1907 年,美国密歇根州一所公立学校的总监戴维斯首倡系统化的职业辅导计划,由此,面向学生的职业指导开始在欧美国家的学校中产生。1908 年,波士顿大学教授帕森斯设立了波士顿职业局(Vocational Guidance Bureau),帮助新移民和年轻人选择合适的职业并尽快适应城市生活,以此迈出了系统开展职业指导的重要一步。1909 年,帕森斯的手稿《选择职业》出版,该书第一次阐述了科学的职业选择理论,并首次运用"职业辅导"这一概念,详细阐述了特质因素论,以"人职匹配"为职业指导理念,强调提高个体的自我认知、职业认知与社会认知,从而实现人职的有效匹配。其理论成为以后职业指导理论的基石,帕森斯被后人尊称为"职业辅导之父"。

随着职业指导的深入开展,教育与职业指导逐步融合。

1916年,哈佛大学首次将职业指导纳入正式课程。1918年,全美教育协会确认职业指导应为美国中学教育的组成部分。1936年,为解决金融危机下青少年的就业问题,美国大范围开展"国家青年管理项目",以提高学校教育中职业技能培训的比重。

从20世纪初期到20世纪40年代末期,帕森斯的人职匹配理念一直是美国各级教育机构开展职业指导的主导理念。在政府的资金、政策支持下,美国职业指导逐渐渗透到整个学校教育体系中,美国高校职业指导逐渐形成了以帕森斯人职匹配理念为核心指导思想的专业化体系。

帕森斯的人职匹配理论也叫作"帕森斯特质因素理论"。该理论认为,每一个个体都有自己稳定独特的人格特质,每种人格特质都有其相适应的职业类型,而合适的职业选择就是要在这二者之间进行匹配。

特质因素论主要包含两个内容:一是特质,二是因素。特质指的是个人的稳定特征,包括能力倾向、兴趣价值和人格等,因素是指不同职业或岗位取得成就所必须具备的条件和要求等,其核心都是人与职业的匹配。特质和因素可以通过科学的测量工具的运用进行分析评价。

该理论阐述了职业选择的三大要素及其实施步骤:一是认识自我,以科学测试的方式增进自我了解,包括个人的能力、兴趣、资源、限制等;二是了解职业,通过咨询或访谈收集相关的职业信息,了解从事相关职业的条件、报酬、发展前景、优点和缺点等;三是人职匹配,对自我的人格特征与职业特点进行比照,做出最适宜的职业选择。

帕森斯的人职匹配理论为职业选择提供了基本原则,学校在实践中帮助学生理智地选择职业,并使之有目的、有计划、有预见地开始其职业生涯。该理论可操作性强,但是其将职业和人的特质视为静态的存在,忽略了人的发展潜力和职业要求的动态变化,忽略了社会因素对职业生涯的影响和制约作用。

在该阶段,职业指导与心理测评等相关服务陆续在各国各学校展开,但由于经费投入、从业人员及认知方面的问题,生涯教育总体上还比较欠缺,尚处于初始阶段。

转变阶段:1950年至1960年,关注动态的个体发展阶段

第二次世界大战后,大量的退伍军人转入学校,生源的多样化以及就业的压力对学校的职业指导工作提出了新要求。为适应社会职业需求的变化,提高个体的职业知识、能力,促进个体对职业的合理选择,美国学术界产生了多种新的职业指导理论。受"非指导学派"理论影响,职业指导开始聚焦于个人特质和个体的动态发展。该阶段,具有代表性和影响力的生涯发展理论为金斯伯格的职业生涯发展理论、舒伯的生涯发展阶段论和霍兰德的类型理论。

金斯伯格的职业生涯发展理论将人的生涯发展分为幻想期、尝试期和现实期三个阶段。

第一个阶段是幻想期(处于11岁之前的儿童时期)。儿童对大千世界,特别是对于他们所看到或接触到的各类职业工作者,充满了好奇与探索热情。这个时期,他们对职业的思考完全不考虑自身的条件、能力水平和社会需要,只凭自己的兴趣

爱好。

第二阶段是尝试期（11岁至17岁）。这是由少年儿童向青年过渡的时期。这时人的心理和生理都在迅速成长发育和变化，有独立的意识，价值观念开始形成，知识储备和社会能力显著增长，初步懂得社会生产和生活的经验。在职业需求上呈现出的特点是产生职业兴趣，开始更加客观地审视自身条件，并留意职业角色的社会地位、社会意义，以及社会对该职业的需要。

第三阶段是现实期（17岁以后的青年阶段）。这个年龄段的人即将步入社会劳动，能够客观地将自己的职业愿望、自身条件及社会现实的职业需要紧密联系、协调起来，寻找适合自己的职业角色。该阶段的人开始有具体的、现实的职业目标，表现出的最大特点是客观、现实、讲求实际。

金斯伯格理论强调了生涯发展的不同阶段，他指出，职业发展是一个与人的身心发展相一致的过程，职业选择是一个长期的过程，而且职业选择是自我需求和现实状态的相互妥协。

舒伯在金斯伯格的理论基础上提出，职业指导即协助个人发展并接受统一完整的自我形象，同时发展适当的职业角色形象，使个人在现实世界中接受考验，并转化为实际的职业，以满足个人需要，同时造福社会。舒伯的生涯理论突出了"自我概念"，认为"自我的概念不仅仅是个体作为社会角色的重要组成部分，同时也是个体职业选择的决定性因素"。

他将个体的生涯发展分为：发展自我概念的成长阶段（0岁至14岁）、通过个人相关的学习和工作来获得基本经验和能力的探索阶段（15岁至24岁）、关注如何在职业过程中在社会交往和角色中发挥作用的建立阶段(25岁至44岁)、深化职业发展可能性的维持阶段(45岁到65岁)、发展新的社会角色的衰退阶段(65岁以上)。

舒伯的生涯理论从个体发展和整体生活的高度来考察个人与职业、个人与社会的关系。该理论强调,随着个人成长和发展,职业兴趣和目标也会随之改变。舒伯生涯发展理论的提出被认为是职业生涯管理理论形成的标志。

1959年,作为探索职业兴趣的霍兰德职业类型理论也被霍普金斯大学的霍兰德教授提出,并广泛运用于职业心理学领域。

霍兰德认为,人格可分为现实型、研究型、艺术型、社会型、企业型和常规型六种类型。人的人格类型、兴趣与职业密切相关,职业兴趣和人的人格间有很深的关联性。精准地把握这种关联,把兴趣融入职业当中,可以有效地提高人们的工作热情和工作积极性。这种兴趣与职业的结合可以使人们在工作中更加积极向上,更加愉快。

在该理论提出之前,关于职业兴趣测试和个体分析是孤立的,霍兰德将二者有机结合起来。霍兰德的生涯理论提供了一个智性的工具,统整了人们对职业意图、职业兴趣、人格与工作史的知识,这使得职业生涯发展向前迈出了重要的一大步。

20世纪50年代起,随着生涯理论体系的丰富发展,动态发展性的"生涯"概念逐渐取代了静态稳定性的"职业"概念,以规划人生长期生涯发展为主线的"生涯辅导"逐步取代了短期职业选择为重心的职业指导,实现了职业指导到生涯辅导的转变。自此,生涯发展被看成一个持续渐进的过程,从童年开始便伴随着人的一生。

深入阶段：1970年至现今，多样化的生涯理论发展阶段

在第三次科技革命迅速发展的推力下，全球经济进入了高速发展阶段，美国也迎来了知识经济时代，教育迈向现代化。

在不同的经济体系下，为适应社会的发展变化，生涯教育理论也走向多元化，并在社会实践中逐步深入和完善。该阶段出现了关注个体生涯发展的社会学习理论，倡导学术教育与职业教育融合的新职业教育主义，强调职业生涯复杂性、变化性的生涯混沌理论等多种生涯教育理论。在不同的国家和社会发展背景之下，人们对生涯的看法和理解也在随之发展和变化。

20世纪70年代初，石油危机爆发导致经济衰退、劳动力市场不景气，社会失业率高，就业和重新就业成为一大难题。面对严峻的形势，1971年，美国教育总署署长结合终身教育、心理学的自我认知等理论提出了"生涯教育"的设想。他强调，教育的目的，除了传统的知识认知，还应该兼备就业能力和被雇佣技能的培养，让学生在毕业或肄业后都能通过一技之长为社会贡献生产力。他认为，教育历程应该配合个人的生涯发展阶段，具体可分为五个时期：生涯认知、生涯探索、生涯定向、生涯准备、生涯与专业转换。此外，学校课程应该配合学生的生涯发展和职业世界的特性而设计。

至此，生涯教育的概念首次被提出。美国教育总署将生涯教育定义为：生涯教育是一种综合性的教育计划，按照生涯认知、生涯探索、生涯定向、生涯准备、生涯熟练等步骤逐一实施，使学生获得谋生的技能并建立个人的生活形态。1989年,美国制定了《国家职业生涯发展指导指南》,明确了各级学校生涯教育所要达到的能力指标,为全国的生涯教育提供了规范性蓝图。

20世纪90年代,诞生了适应社会发展的新职业教育主义。它倡导学术教育和职业教育相融合,甚至提出了要设立职业高中和生涯学院等新型教育机构。新职业教育主义仍然强调了知识教育、学术教育,并且给了不同的学生更大的自主选择权以及更完善的技能和知识储备。该理论强调,在加强学术教育和基础教育的同时,通过职业实习使学生获得工作技能与经验,使学生在未来更有竞争力。

进入21世纪以后,美国生涯教育的核心是学生的个体生涯发展,通过教学课程设置、生涯规划咨询等形式协助学生设计属于自己的生涯方案。尽量在针对共性问题的框架下加入个性化的指导,以及在发挥学生主观能动性的同时引入生涯规划咨询的环节来对学生进行深入指导。

2018年,美国签署《加强21世纪的生涯与技术教育法》,该法案通过不断完善学校拨款机制与职业生涯教育绩效问责以及创新职业技术教育项目,以实现全面发展中等及更高教育阶段个体在职业生涯教育中的专业知识、职业技术与就业能力的愿景及促进职业教育学生合理就业、缩小技能鸿沟的目标。

综上,起源于美国的生涯教育,其发展经历了职业指导向生涯教育、静态就业观到动态人生路径选择的转变。近年来,美国生涯教育仍然在加速发展,并且逐渐体系化、规范化,政府政策和社会资源也在不断给予支持。美国生涯教育的理论和实践,也给其他国家提供了很好的学习范本。

未来,生涯教育将以个体发展和终身发展为核心,与学校教育深度融合,日益呈现信息化、全球化与本土化相结合的趋势,在付诸实践的过程中,探索出适合本土的生涯教育路径。

第二节　国外生涯教育的启示

随着经济、社会与教育发展的不断加速,面向社会、关注个体终身发展的生涯教育逐步在教育领域得到了广泛的认可。

由于国情、教育状况不同,不同国家对生涯教育的理解存在差异,但各国在生涯教育的功能、目标或定位上是高度一致的,即通过开展一系列有组织、有计划的教育活动,使学生提升对自己、学业、职业的认识,掌握生涯探索和生涯规划的方法和技能,确保在关键时刻做出理性的选择并接受选择后的结果。

不少国家出台了开展生涯教育的纲领性文件,不断完善生涯教育的体系结构、教育目标、教学内容和课程。随着实践活动的深入开展,生涯教育的内涵不断丰富,形式和手段也更加多样化,各国在生涯教育的探索和实施措施上呈现出不同的亮点。

美国生涯教育

美国生涯教育在内核层面受实用主义哲学家杜威的影响,认为教育培养的目的不是给受教育者灌输一套技术,而是要掌握理解和解决问题的技能。基于这个理念,美国通过制度立法、专业咨询、课程开发、校企合作构建了生涯教育完整的体系链条。作为较早开展生涯教育的国家，美国在多年生涯教育实践过程中形成了一整套颇具特色的机制。

美国政府使用相应的政策工具，通过观念、政策法律、经费、组织等多方面确保生涯教育获得足够重视并顺利实施。1913年，全美职业指导协会的成立标志着职业指导在美国全面展开。1938年，美国联邦政府提出职业信息及指导服务项目，并由1936年颁布的《乔治·迪恩法案》提供资金支持。1957年《国防教育法》规定了学校的经费来源、职业指导工作人员及其职责，为职业发展教育课程的推广创造了条件。1977年，美国联邦政府颁布《职业发展教育激励法案》促进职业发展教育改革的发展。20世纪90年代，美国开展了"从学校到职业"的教育理论实践运动，该运动通过学术教育加强与稳固了学生的知识基础，还通过实际的职业实习提升学生的工作技能与经验，改变了过去重学校轻工作的不均衡发展现象，为学生由学校到职业的过渡构建了有效途径。

总体上看，美国生涯教育的另一个显著特征是生涯教育与学科课程的高度融合。在美国教育领域的生涯教育体系中，学校是生涯教育最主要的承担者，也是给学生提供生涯教育的主要阵地。其融合课程主要是通过设计相应的主题，将学科的课程内容与生涯教育的要求、内容、标准和评价体系有机结合起来，并进一步根据学生的身心状况，以问题为导向来设定相应情境，为学生创设丰富的体验活动，提升整个生涯课程的教学成效。

除教育教学活动外，学校还提供大量实践活动，引导学生尽早开始自我认知和生涯探索。在各种体验活动中，通过自我评估、心理测评等方式，让学生不断了解自身的兴趣、爱好、个性和其他各种重要的特质。在部分学校，学生上午在校内上课，下午从事有偿工作。这样的实践经验能够促进学生的认知发展，增强学生的学习动力，也能更好地帮助学生完成从学校到社会的过渡和角色转换。学校还会结合学生在实践活动中的表现来提供专业的咨询和指导，甚至会带领学生一起进行更深入的生涯探索活动。

需要指出的是，美国高中阶段的生涯教育与小学、初中是有一定差异的。相比较而言，这个时期的生涯教育与学生面临的课程选择、升学和专业选择联系更加紧密。在内容上更加突出课程选择的指导、不同大学的选拔要求、大学专业学习和未来职业方面的差异，这充分体现了美国生涯教育具有针对性、时效性和实效性的特点。

在美国高中与大学的衔接过程中，不少第三方的专业机构面向不同群体提供了多样化的服务，生涯教育测评服务便是一项非常重要的内容。其中，最具公信力的是两大考试机构：美国教育考试服务中心（Educational Testing Service，ETS）和美国大学入学考试公司（American College Test，ACT）。ETS开发了SIGI PLUS生涯指导工具，SIGI PLUS系统包括八个部分，分别是自我评估、职业搜寻、职业信息、技能探索、技能准备、指导与帮助、职业决策、后续指导，它可以用来帮助学生更好地了解自己并且做出理性的学业生涯选择。ACT标准化考试给考生提供的成绩报告中，除了有对成绩的详细分析以外，还有建立在上述测评基础上的学业和生涯规划方面的内容，给学生提供了职业兴趣的类型、建议从事的职业、专业与兴趣的匹配程度等多方面的信息。

芬兰生涯教育

芬兰生涯教育采用的是"生涯建构理论"，该理论以学生为中心，认为生涯发展是学生主动建构的动态过程，学生在不同的生涯阶段都需要完成相应的生涯发展任务，需要得到相应的指导与支持。生涯指导的前提是承认学生的不同特质和差异，生涯指导要尊重这些差异。

芬兰以法律的形式确立生涯指导的有效实施，保障每个学生有获得生涯教育的合法权利。芬兰教育与文化部颁布的《基础教育法》规定，生涯指导是学生应享有的合法权利，是学校教育应当为学生提供的重要内容，规定学校应当聘任专职指导顾问。

芬兰在全国设立了专业生涯指导教师培训机构与生涯指导教师教育平台，学生从小学开始就接受生涯指导，每所学校都配有指导教师。

芬兰将生涯指导规定为国家核心课程中的必修课程。在核心课程纲要中清晰阐述了生涯指导的性质、标准、内容、实施及课时分配等内容，规定中学阶段生涯指导享有76个学时的必修课时，确保了生涯指导在日常教学安排中的教学时间。

芬兰生涯教育呈现以下几个方面的特征：

生涯教育助力核心素养提升。芬兰生涯指导课程的核心目标与国家核心课程的七项核心素养(思考与学会学习,文化素养、互动和自我表达,照顾自己与管理日常生活,多元识读能力,信息通信技术能力,职业能力与企业家精神,参与建设可持续发展的未来)是对应的关系。学校需要依据不同年龄段的身心发展特点及规律开展生涯教育,提升学生相关的核心素养。

通过跨部门协作,构建生涯指导的支持体系。芬兰通过发展区域性一站式生涯指导中心,整合政府部门、教育机构、社会康复与保健服务、志愿组织、雇主组织、贸易协会等诸多资源,在多个机构之间建立合作网络,鼓励雇主组织、企业等参与到中学生涯指导中,为中学生提供工作体验机会,为生涯指导等提供资源和支持。此外,芬兰就业和文化部成立了国家生涯指导工作组,负责协调和促进跨部门、多层次的合作,以确保提高资源利用的有效性。

生涯教育分阶段性目标,循序渐进开展。芬兰小学阶段重在培养兴趣、职业启蒙、做决定的能力;中学开设职业和创业素养的必修课,重在自我认知、职业体验和未来职业规划。到了高中,学生可以确定自己的专业发展方向。

坚持实施多元群体的生涯教育,芬兰十分关注特定群体的生涯教育。残疾学生、智力障碍学生可以在全日制普通学校就读,政府会安排特殊教育教师对这类学生实施一对一的陪伴与指导。

英国生涯教育

英国生涯教育起始于 20 世纪 80 年代后的新公共管理改

革,崇尚效率优先与设计思维,推进本国生涯教育围绕市场导向,让高校生涯教育课程迎合就业市场需要,并且将部分职场中的精英人士吸纳到高校中扮演就业导师的角色,从而提升学生的受雇能力和就业韧性。

随着欧洲经济一体化和国际化趋势加强,政府开始在中学阶段实施生涯教育,旨在帮助学生为未来职业生涯的发展和终身学习做好准备。政府在1997年教育法案中规定,所有公立中等学校都有法定责任为九至十一年级所有学生提供生涯教育。

2000年,在《新课程中的生涯教育》政策文件中,英国规定了学段三、学段四(相当于我国的初三至高二)的生涯教育具体目标,分别是自我发展、生涯探索和生涯管理。三大目标在不同学段都有字母表,详细规定了各阶段学生接受生涯教育后应达到的目标。学段三的重点在"自我认识"和"职业认识",学段四的重点在"生涯探索"和"职业准备"上。

之后,在《职业生涯教育指南》中,英国特别引入"盖茨比基准"作为主要参考标准。"盖茨比基准"是学校用于提升职业生涯指导体系的八项指导基准,要求每所学校和学院都需要按照这些标准展开对学生的职业生涯教育。第一,每所学校都要有一个高级管理团队支持的职业生涯规划组织,有一名经过培训的负责人,并有一份学生、家长、教师、校长和公司雇主认可的职业生涯教育指导计划。第二,学生和父母都能获取有关未来学习选择和人力市场情况的高质量信息,并需要一名咨询顾问的帮助,以充分利用这些信息。第三,满足学生不同需求。学生在不同阶段有不同的职业指导需求,学校要从平等和多样化角度出发，根据每个学生的需求量身定制指导计划。第四，教师需把职业生涯与课程学习结合起来，尤其是STEM课程教师，突出学科对未来选择职业的意义和影响。第五，学生有多种机会向雇主学习有关工作、就业的技能。这些可以通过访问、指导和企业策划等一系列活动实现。第六，学生通过工作访问的方式到工作场所体验生活、实践学习，扩大社交范围。第七，所有学生都应该了解自己可以获得的全部学习机会，包括学术和职业路线以及学校、学院、大学和工作场所的学习。第八，无论何时进行学习或职业选择，学生都有机会与职业生涯顾问面谈。只要经过培训达到合格水平，顾问可以来自校内，也可以来自校外。当学生需要进行重大的学习或职业抉择时，能够得到生涯顾问的指导和帮助。

2023年1月，英国教育部公布小学阶段生涯教育计划，旨在顺应"加强学校与雇主合作"的生涯教育潮流，为小学阶段的学生提供职业生涯指导。该项计划共划定55个教育投资区，由职业企业公司牵头实施，预计持续到2025年，将惠及2 200多所小学的60多万名学生，标志着英国生涯教育进入新的阶段。

英国小学阶段的生涯教育基于"盖茨比基准"立足于八大基本技能框架（积极态度、目标、领导力、团队合作、倾听、表达、问题解决、创造力），以独立职业活动、嵌入课程的生涯教育、父母参与生涯教育、专业的生涯教育学校团队支持为具体的实施路径，形成了独具特色的英国小学生涯教育实践模式。

英国生涯教育将教育放置在广阔的社会系统中，倡导权责统一理念，在不断尝试和革新的过程中，将学生就业率视为高校的重要工作目标,结合市场需要不断改革课程内容设置,从而打通学校与就业市场的通道,有利于毕业生更好地走向职场。

日本生涯教育

1999年日本政府首次将"生涯教育"写入官方报告,并于2004年开始对此不断强化。2005年开始,文部科学省在全日本138个地区开展"生涯起步教育周",活动对象以初中生为主。2006年日本又推出了"职业生涯教育综合计划",实施以中小学生为对象的"新职业生涯教育计划",以大学生、专门学校学生为对象的"高度职业生涯计划"和以自由职业者为对象的"自由职业者再教育计划"。

在一系列政策方针的推动下,日本生涯教育的覆盖范围由中小学为主发展为包含学前教育、高等教育在内的整个教育阶段,对教学实践的政策指导也越发呈现系统化、具体化趋势。

此后,日本通过一系列政策法规促进生涯教育的推广与落实。其间,日本生涯教育的政策核心经历了以职业决策为目标对象的生涯教育向以提高社会自立能力的生涯教育的发展转型,并在此探索过程中形成了具有日本本国特色的生涯教育理论和实践。

面对人工智能、人口老龄化等带来的挑战,2016年日本政府提出构建"超智能社会"的国家发展战略,对学校的人才培养提出了新的要求,开展了中小学生涯教育课程改革。

日本的生涯教育课程采取学科融合的实施方式,主要由生活自立、新型劳动、职业与社会、生存方式四大模块组成。

生活自立主要包括个人生活管理、人际关系与社会关系的建立与管理，体现在衣、食、住等方面的自立。低年段，开展学习独立生活的相关技能；初中阶段，家庭科目增加消费生活及安全生产、防灾减灾等人身安全的内容；高中阶段，开展生活、家庭主题的探究性学习，引导学生通过与他人、家庭、社会的协作解决生活自立问题。

为培养能够掌握新型技术以及创造新型商业模式的人才，课程增加了新型劳动的内容。以初中的家庭与技术科（每周1—2学时）为例，技术模块涉及材料与加工技术、生物培育技术、能源转换技术及信息技术等四个主题。此外，为了培养能够开展跨行业、跨领域经营的新型商业人才，政府推广实施"中小学创业体验推进计划"，致力于培育一批中小学创业教育优秀示范校并将其经验推广到全国。

在职业与社会部分，小学生会通过调查家庭成员的工作体验，观察街头商店的工作形态，栽培农作物，参与志愿者活动等方式，理解劳动的意义，建立初步的生涯探索意识。初高中体验活动从"体验"转向"探究"，学生围绕"职业选择与社会贡献及自我实现""工作的意义和价值及社会责任"等主题开展探究性体验学习。

课程中增加了生存方式的主题探索，旨在引导学生思考未来的生存方式，规划人生道路，启发学生将学校教育与未来的人生联系起来，并提前思考应对离职、失业等未来人生风险的方案。教师要根据每个个体的发展特征，为学生提供可充分探索和试错的空间，引导其客观分析所选择的未来生存方式的优势和风险,最终使学生获得探索自我认同的生活方式的能力和素质。

对我国生涯教育的启示

纵览各国的生涯教育发展进程,政府制定政策是自上而下推进生涯教育实施的重要动因,更是开展生涯教育的重要保障。国家要制定相关政策和法规来保障生涯教育的顺利实施。我国在这方面持续努力,已经出台了很多政策,如《国家中长期教育改革和发展规划纲要(2010—2020年)》中提出:"建立学生发展指导制度,加强对学生的理想、心理、学业等多方面指导。"《教育部关于普通高中学业水平考试的实施意见》(教基二〔2014〕10号)明确提出"要加强学生生涯发展指导"。

启示一:建立生涯教师的培训体系,提升教师进行生涯教育和指导的专业性。当前,我国教师在生涯发展指导的专业理论、知识与实践方面存在不足,这也影响了学生生涯发展指导的有效实施。结合实际情况,一方面,要整合多方力量,鼓励教师在学生生涯发展指导中共同协作,促进学生生涯指导与日常教学过程的融合;另一方面,可参照世界各国对生涯教育教师专业能力的要求,建设学校生涯教育教师队伍,并为其提供充分的专业实践机会。

启示二:构建学校、家长、社会联动的生涯教育支持体系,学校内外协同,为学生生涯发展和实践提供资源与支持。构建跨部门协作机制,采取发展一站式生涯指导中心等措施整合校内外的资源,为生涯教育的实施提供有力支持。国家可鼓励政府、社区、企业等社会力量参与到学生生涯发展探索中来,动员和协调学校内外的多方力量，为学生提供资源与支持。创造丰富的资源，为不同年龄阶段的学生提供职业体验机会。

启示三：明确生涯教育与学生发展核心素养之间的关系。基于我国学生核心素养的培养目标，制定生涯教育的目标。将生涯教育与其他学科的教育教学相融合，使学生能够明白未来职业选择与现在学习的关系。这种教育方式将会使他们更好地适应这个不断变化的世界。

启示四：建设全周期的生涯教育。要结合不同年龄段学生的实际情况与需要，构建贯穿整个教育阶段的生涯教育体系，使之能够满足学习者的求学和就业需求。将生涯教育贯穿在学生的整体性学习过程中，使学生能够认识到职业和劳动对终身发展的意义，并以更加积极乐观的态度参加生涯教育，使其能够为进入职场做好相应准备。对于学习困难的弱势群体，要为他们创造平等的学习环境，要结合其发展需求，针对性设置培训课程。

最后，学校在开展生涯教育时，要结合我国国情、学校实际，坚持理论与实践结合，探索出符合学校实际情况的特色生涯教育模式。

第三节　在我国开展生涯教育的挑战及现实意义

生涯教育作为帮助学生认识自我、职业与社会，指导学生树立未来发展方向并实现生涯目标的途径和方法，发挥着重要的育人功能。但由于起步较晚、重视不够、经验不足等原因,我国职业生涯教育在基础教育、职业教育和高等教育等不同教育阶段中呈现出多种样态。总体来说,我国的生涯教育还处在实验与摸索阶段,还存在诸多现实问题,面临着不少挑战。

开展生涯教育的挑战

挑战一:提升对生涯教育的认知。生涯教育的发展,学生生涯探索能力的培养,离不开社会、学校、家长等全方位的关注。目前,生涯教育的作用与意义尚未引起足够的重视,很多教师或家长认为生涯教育只有即将就业的人或职业学校的学生才需要,这在一定程度上导致学生缺乏对生涯教育的理解,影响了生涯教育的开展。我国目前只有少数学校开设生涯教育课程,部分学校是出于课题研究的需要而设立该课程。生涯教育没有被充分认识和重视是生涯教育在我国未能推广的主要原因。

挑战二:推动生涯教育的立法和建制。在我国,学校生涯教育课时得不到保证,落地实施困难,与生涯教育的立法与建制有很大的关系。我国从开展职业指导以来,也陆续出台了一些法律法规,但生涯教育方面的法律法规较少,生涯教育的组织机构也并不完善。学校生涯教育课程的全面实施和发展,需要通过法律法规的保障来建立专门组织机构、配备专门人员,从而推动生涯教育的制度化建设。

挑战三:将生涯课程与现有课程体系相融合。我国目前的课程体系注重学科知识,功能单一,大部分课程多是为升学而开设的,重视与中考、高考科目的对口,强调智力因素的培养,忽视了学生个人兴趣发展与生活实际的需要。学校应从超越选科、选专业的思维出发,以更广阔的视野去看待生涯教育,思考生涯教育的教学目标,探索现有课程体系与生涯教育相结合的实施路径。

挑战四:发展本土化特色生涯教育。生涯教育在我国起步较晚,需要做大量本土化的研究工作。就目前情况看来,针对社会就业及职业选择的研究相对较多,而对学校生涯教育的研究较少,且缺乏系统的本土生涯研究理论做支撑。因此,组织专业人员结合我国实际对学校生涯教育开展深入系统的理论与实践研究,具有十分重要的意义。另外,生涯教育教材的研发也是学校开展生涯教育的关键。积极开发符合我国国情的生涯教育课程材料,是生涯教育得以发展的关键。

挑战五:培养高素质、专业化的师资队伍。我国生涯教育尚处于探索阶段,教师缺少生涯教育的系统化与专业化培训。在学校,担任生涯教育的导师一般都是非专业教师,他们多为学科教师,再加上应试教育的压力,教师和学生投入生涯教育上的精力十分有限。然而,生涯指导教师能否为学生的生涯发展提供适宜的指导,决定了生涯教育的质量。运用现有资源,提升生涯指导教师的素养,打造专业化的师资团队,这是目前发展生涯教育急需解决的问题。

面向未来的生涯教育

在我国开展生涯教育虽然面临诸多挑战,但挑战与机遇是并存的。构建具有本土特色的生涯教育体系及路径,推进生涯教育的发展,顺应了国家发展的需求,是新时代推进教育改革、落实立德树人根本任务的路径之一,对学生个人和社会发展都具有重要现实意义。

生涯教育是国家发展和时代需求

21世纪,世界变化发展日新月异。科技迅速发展,产业结构急速升级,信息技术为知识的创造、储存和传播提供了新的手段与工具,知识更新频繁。进入新时代,我国经济由高速增长阶段转向高质量发展阶段。国家对人才培养也明确了新的要求:当前,我国创新型、实用型、复合型人才紧缺,要努力培养造就数以亿计的高素质劳动者、数以千万计的专门人才和一大批拔尖创新人才。

生涯教育在培养创新人才方面有着不可替代的作用。一方面,学生可以在生涯探索中寻找自己未来发展的方向,有目的地去规划自己的学习,锻炼自我管理能力、沟通协作能力,培养团队合作精神;另一方面,学生还可以通过生涯教育中的创新课程或实践活动,掌握创新思维方法和技巧,了解行业和社会的需求,锻炼解决问题的能力和创意表达能力。总之,生涯教育培养学生的生涯探索和决策能力,最终使学生的自身潜能得到开发,为学生的全面发展奠定良好基础。

新高考改革对生涯教育提出了新的要求

新高考制度实施以来,"分类考试、综合评价、多元录取"的高校招考模式逐渐形成。新高考通过"增加学生选择权",使学生的自我探索和对未来的思考决策前置。选择空间的加大及选择时间的前置，为中小学生生涯发展铸就了个性化发展的机缘，但很多学生也因此感到更加迷茫和困惑。

如何引导中小学生尽早地认识自己，如何对学生的选择和发展进行指导，这是学校、家长和社会需要思考的问题。学生做选择靠的是生涯决策能力，而培养生涯决策能力正是生涯教育的关键部分。意识到开展生涯教育的重要性，学校需要及时转变办学理念，按照新高考改革要求、新课程标准、新教材等教学内容来对教育目标、现状进行重新定位，基于此来开发生涯教育课程，才能为学生终身发展起到良好的指导效果。

生涯教育是一个覆盖面广且辐射性强的教育规划，必须采取科学的教育理念及教育方针，为学生设计个性化的生涯探索体验，从而帮助学生顺利地完成生涯探索目标，促进学生综合素质能力的发展。

新高考改革的目的是改变传统高考制度，构建科学、系统、全面的人才录取和培养体系，以提高学生应对各种未知考验的能力，而生涯教育培养的生涯探索和决策能力就是面向未来的能力。在关注学生考学能力的前提下，生涯教育需要帮助学生对未来规划发展做出合理的分析，让学生能够较为清晰地认知自身的优势和对未来职业的展望，并能运用所学的生涯教育知识合理地谋划未来。

现阶段，我国学生普遍缺失对未来职业选择和发展规划的正确认知，信息全球化改变了学生生活及学习方式，也为生涯教育发展提供了创新性思路。通过借助信息技术整合生涯教育知识,学生可以获取多维度的生涯教育信息,并关注了解社会及经济发展趋势、了解行业就业状况和未来就业机会等职业信息,能结合自己的学习情况、发展特点、职业需求,寻找并探索适合自己的生涯发展路径。

生涯教育是新高考背景下提出的顺应时代风向的教育教学理念,学校一定要注重生涯教育课程的设计与实践,在教学期间真正做到理论与实践的有效结合,强化学生对于课程的实际体验,为学生今后生涯发展作出正确指导,并且为学生提供多样化的职业体验以及实践机会,这样才能有效提升学生生涯职业能力,为学生今后的职业发展打下良好基础。

生涯教育可以促进学生的心理健康

生涯教育具有多种教育功能,它着眼于学生的全面发展、终身发展,并且面向学生未来的发展,有利于让学生能够按照自己的真正兴趣及个性特质合理地选择生涯方向。这既符合中小学生身心发展的需要,又顺应了新时代的要求。

学生在求学阶段面临着很多重要选择,由于缺乏相应的生涯知识与决策能力而备受困扰。而且许多学生的心理问题恰恰是由于缺少明确的人生目标,缺乏对人生清晰的整体统筹规划造成的,而生涯教育的开展不仅符合学生成长成才的心理需求,在提高学生心理健康水平方面也发挥着重要的效能与作用。

研究表明,生涯教育可以促进学生的心理健康。以初中生为例,研究人员在"生涯规划时间课程对初中生自我效能感的影响研究"中发现,初中生的自我效能感与学业成绩有着较高的关联,并且初中生的自我效能感对于学业成绩有着正向的预测作用。处于青春期的初中生,其生理和心理正处于快速变化的时期,自我效能感的水平高低与其身心状况联系尤为密切。初中是人生成长的关键阶段,其自我评价正在飞速形成,因此这个时期他们需要获得更多的成功经验来形成正向的自我评价。

开展相应的生涯教育,使得学生在了解自己的前提下,对未来的学业和职业发展有更清晰的选择,从"被动"变为"主动"。当学生开始有了自主感,会更愿意去探寻自己生命中的可能性,生命意义感随之提高。

同时,生涯教育帮助学生认清自己、社会和职业,促使学生学会主动适应未来社会和职业的需要。生涯教育的实施有助于学生确立适合自身潜能发展的生涯目标,在理想目标的导向下,学生被激发出内在动力,从而提高自控能力,为将来职业发展奠定良好的素养,也为其一生的发展奠定扎实的基础。

随着社会对人才培养要求的不断提高,生涯教育在人的成长发展中成为不可或缺的一环。通过生涯教育,学生对自身、社会和职业会有更充分的了解和准备,对未来发展有更清晰的目标和更强大的动力,这将对提高人才竞争力大有裨益。系统推进中国特色生涯教育的发展,是国家和社会发展的需要。

第四节 义务教育阶段的核心任务

九年义务教育是基础教育的重要阶段,这一时期正是青少年身心成长最快、最关键的阶段。同时,面对新的国内、国际发展背景和形势,国家拟定义务教育阶段的核心任务,明确义务教育要"培养什么人"的首要问题和根本问题,意义重大而且影响深远。

在国内,随着义务教育的普及,人民群众对义务教育的教育质量和教育公平提出更高要求,从"有学上"转向"上好学"。《义务教育课程方案和课程标准(2022年版)》中明确,义务教育阶段的课程要坚持德育为先,落实立德树人的根本任务。课程要依据学生终身发展和社会发展需要,明确育人主线,加强正确价值观引导,重视必备品格和关键能力培育。

同时,国际环境复杂多变,世界各国特别是大国之间的综合国力竞争日趋激烈,主要发达国家都在持续推进教育改革。培养出适应时代发展要求的创新型人才,才能赢得未来的竞争优势,尤其是在高科技领域里的人才竞争优势。党和国家整体谋划国际和国内"双循环"战略,在深入推进各项事业改革发展的同时,明确提出要建设高质量教育体系,到2035年要走在世界创新型国家前列。

面对复杂多变的国内外形势,贯彻落实义务教育立德树人的根本任务,培育面向未来的全面发展的社会主义建设者和接班人,是时代赋予的使命。作为素质教育的重要组成部分,生涯教育是义务教育阶段里不可或缺的一环。

生涯教育与立德树人的教育目标具有一致性。生涯教育的核心是培养学生的能力和素质,而立德树人所强调的正是要求学校在教学中注重培养学生的道德、智力、体魄、美育等各方面的素质。生涯教育与立德树人的一致性还表现在重视人才的全面发展上。学校在教学过程中,不仅要关注学生的学术成绩,还必须关注学生的道德品质和全面发展。生涯教育从全面发展的角度出发,专注于学生的个性、兴趣、能力优势等方面,为学生提供更多元化的发展方向。

生涯教育强调终身成长,即学校要培养让学生终身受益的能力,这也是义务教育的战略目标之一。《国家中长期教育改革与发展规划纲要(2010—2020年)》将"构建体系完备的终身教育"确立为战略目标,基础教育面向在社会中成长的儿童,终身发展是其目标的根本指向。

现今,只关注知识传授的教育模式已经不能适应人类生存与社会进步的需要,社会需要的是有自主学习能并能自我更新、持续发展的人。生涯教育尊重学生个体身心成长规律与生涯发展规律,关注小学、中学到大学甚至毕业后各个阶段的教育,每个阶段相互衔接、循序渐进。因此,生涯教育是对终身教育理念最好的践行,它可以给学生带来终身受益的能力。

首先,生涯教育不仅仅是职业规划,它同样包括诸如学习技能、人际交往技能、情感管理、责任感等方面的培养。这些能力可以帮助学生更加从容地应对成长过程中遇到的各种挑战,并确保学生能够完成学业,进而为未来的生活奠定基础。其次,生涯教育所强调的自我认知、目标设定、决策制定和行动实施等方面的能力训练,都是对于学生自我成长和自我管理的重要补充。而这些能力,不论是在义务教育阶段还是在日后的人生道路上,都将会为学生提供有力的支持和帮助。最后,生涯教育还可以通过培养学生的实践能力和探究精神,来帮助学生开启探索未知领域的能力,培养学生的探索精神和探究能力,这些能力和人生道路上所面临的各种挑战都是息息相关的。

生涯教育能促进自我价值与社会价值的统一。从个体发展看,生涯教育是提升学生综合素质的重要途径,实现了教育促进个体发展的重要价值。中小学生正处于身心发展的重要阶段和人生观、价值观形成的关键时期,生涯教育打破了基于经验和社会功利角度的教育模式,帮助学生将学习的外部动力转变为内部动机,让学生不止是为了考试而学习,而是有自己的兴趣意义,由成绩导向转变为人生价值导向,而且能够有长远的人生目标,从被动接受安排学习内容转变为自主选择、自主安排,从而激发学生的自主性和能动性,为学生的成长注入精神力量,提升个体在人生发展中的意义感、价值感与幸福感,满足学生自我实现的需要。

同时,从社会发展看,生涯教育有利于满足社会发展对人才的需求。生涯教育能够帮助学生将学校学习与未来的职业和生活建立联系,在人的社会化过程中,把社会价值纳入个人的价值体系,并应用到自身的发展中。在追求个人价值实现的过程中,学生个人的发展意愿与社会现实相结合,并找到自己的人生使命和社会位置,成长为国家所需的人才,实现个人价值与社会价值的完美融合。

生涯教育以"育人"为中心,满足学生多元化的生涯发展需求为基础,关注每一个个体的发展特点,为学生的成长提供精神动力和人文关怀,从而提升个人在生涯发展中的幸福感,使具有不同需求的个体都能得到自我实现的机会，让每个学生的潜能都能够得到最大程度的发展，都能找到适合自己特点的发展路径，成为面向未来的全面发展的社会主义建设者和接班人。

第五节　长期主义视角下的教育价值追求

现代学校制度，是工业革命的产物，也是人类伟大的创造。它把人类几千年创造的知识用高度浓缩、集约的方式，按照学科专业分门别类地传授给未成年人，提高了教育的效率，提升了全社会的文化素养。

但是，现代学校制度也有其内在缺陷，在我国则突出表现在应试教育。新中国成立后，高考作为公平公正的选才模式，非常适合国情，也为国家的建设发展作出了重要贡献，为社会主义现代化建设培养了无数人才。但随着时代发展，全球人才竞争日益激烈，强调效率优先、追求短期效益的应试教育的弊端也愈加显著。

长期以分数为导向、高负荷的学习会影响学生的身心健康。为了提升成绩，学生除了在学校的学习，课余还要参加各种辅导班，长期处于紧绷的学习状态，导致身心疲惫。同时，以提升考试成绩为目标的学习，容易忽视学生的个性特点，让学生缺乏学习的主观能动性，无法发挥其潜能。为了改善这一情况，国家于2021年印发了《关于进一步减轻义务教育阶段学生作业负担和校外培训负担的意见》。"双减"政策的出台就是促使学校回归育人本原,重塑教育生态。"双减"政策将矛头直接对准校内外过重的学习负担,有利于解放学生天性,保证学生的基本权利。"双减"政策也倒逼学校改变传统的教育教学方式,要求教师更新教育理念,优化教育手段,重视活动育人,发展学生的综合能力。

以成绩为导向,背离立德树人的教育初心。习近平总书记在北京大学师生座谈会上指出:"人才培养一定是育人和育才相统一的过程,而育人是本。人无德不立,育人的根本在于立德。这是人才培养的辩证法。"育人的根本在于"立德",但以成绩为导向的教育考察的是熟练掌握和运用知识的能力,无法考察学生的创新能力、沟通组织能力、品格及价值观等核心素养,违背了全面育人、全面发展的初衷,也背离了立德树人的根本任务。

2021年国家开始在部分省份实行新高考方案,这一方案创新性地引入了个性化评价的理念,旨在促进学生的全面发展和个性化成长。这一方案的推行也要求学校跳出传统的教育方式和技术模式,探索新的育人模式和行之有效的评价方法,以帮助学生更好地实现个性化发展和创新能力的提升。

在这样的现实背景下,教育需要从功利化教育观向长期主义教育观进行转变。长期主义是基于长期的目标或结果而行动或制定决策,基于长期目标进行布局的教育理念和方法就是长期主义教育观。这一价值观立足于未来,持续做好当下的事情。就我国教育现状和全球发展趋势来看,长期主义教育观的树立非常重要且迫切。

基础教育决定国家的长远发展。基础教育在国民教育体系中发挥基础性、先导性的作用，是功在当代、利在千秋的德政工程，其根本宗旨是为提高全民族的素质打下坚实基础，对于提高中华民族素质、实施科教兴国战略、推进社会主义现代化建设具有重要战略支撑作用。

基础教育对学生的影响是终身的。教育奠定一个人一生的基础，青少年阶段的教育几乎影响终身。基础教育是为学生成长打基础的，是学生成长的根基。根基越牢固，学生的未来也越稳固。因此，要站在更高、更远的角度用更开阔的眼光去看基础教育，将基础教育和学生未来的成长结合起来，再面对当下的教育实际，帮助孩子树立核心品格，培养其终身学习的能力。

长期主义教育观强调的是培养学生面对不确定未来的关键能力。世界是变化发展的，未来充满不确定性。坚持长期主义教育价值观，意味着人需要终身学习。终身学习的能力也是未来社会的核心竞争力。若只看重分数和当下成绩，将来很容易被取代。无论时代如何改变，职业如何演变，但拥有核心能力，就不会被社会淘汰。

长期主义教育观为学生赋能，帮助学生应对未来的挑战。长期主义教育观主要体现在以下几点：

培育和践行社会主义核心价值观。党的十八大提出："倡导富强、民主、文明、和谐，倡导自由、平等、公正、法治，倡导爱国、敬业、诚信、友善，积极培育和践行社会主义核心价值观。"同时也强调，要用社会主义核心价值体系引领社会思潮、凝聚社会共识。面对当今社会纷繁的思潮，坚持育人为本、德育为先，围绕立德树人的根本任务,把社会主义核心价值观落实到教育教学中,努力培养德智体美全面发展的社会主义建设者和接班人,是时代发展的需要。

注重培养学生的关键能力和品格。长期主义教育并不把分数当成对孩子的唯一评价标准,而是关注孩子完整人格和能力的培养,不只注重如何出成绩,更注重如何独立思考,如何做决策,如何培养自主高效的学习能力和习惯。

重视学生的身心健康。长期主义教育价值观以"人"为中心,关注学生的身心健康,通过各种活动帮助他们与自己、他人和社会建立良好的链接,并注重培养他们的兴趣爱好,鼓励他们积极参加各种活动,帮助他们适应不同的环境,在此过程中学习自我调适。

为体现长期主义教育价值追求,促使长期主义教育观真正落地,昆山市娄江实验学校搭建了"生活、生命、生涯"三生一体的育人体系。

在"生活"方面,学校积极开展劳动教育,促进学生德智体美劳全面发展。2022年,学校开展了"劳动一夏,暑你最美"的暑期劳动主题活动。在这场主题活动中,老师进行主题讲座和分享后,学生需要参与并完成家务、农事等不同类型的劳动实践。在实践活动中,老师注重于引导学生了解生活常识、体验劳动的快乐和生命的意义。这些劳动既锻炼了学生的身体,又起到了帮助学生调整心态和减轻焦虑的作用。另外,学校在这一过程中还注重学生的安全教育,启发学生的安全意识。活动中,学生的自理能力和动手实践能力也得到了提升。

在"生命"方面，学校近年来开展了许多生命教育主题的活动，比如心理团辅课《生命的重量》、"拥抱生命 绽放精彩"主题月活动、"我的生命历程"心理健康教育午会等。通过这些活动，学生认识了生命的宝贵、自我的独特，并开始探索和发现自己生命的意义。学校借此机会为学生提供了心理疏导，帮助学生认识了情绪，并学习了如何调节自己的情绪，促进了学生的身心健康发展。

在"生涯"方面，2022年之前，学校开展了"家长进课堂"、社会实践等生涯教育相关的活动。自2022年起，学校开始系统、专业地开展生涯教育。生涯教育可以为学生生命意义的建构提供力量，帮助学生找到并实现自身的生命价值，能够积极奋斗在人生的各个角色当中，生涯教育培养学生成为完整的人。生涯教育赋能学生成长，激发学习内驱力，并在过程中不断提升自己的品格和能力。

在系列教育实践活动落地的过程中，学生们树立了正确的世界观、人生观和价值观，他们的生涯意识也被唤醒，主动学习和探索的能力得到提升，开始思索自己的生涯路径。家长在家校互动中，也开始深入了解生涯教育，逐步转变了自己的教育观：适合自己孩子的学校、专业，才更有利于孩子的未来发展。同时，学校有效利用家长资源和社会资源，开展亲子课堂和校外实践活动，也较好地弥补了学校教育的短板，一定程度上满足了学生生涯教育个性化的需求。

第二章　生涯教育的探索

第一节　生涯探索阶段的尝试

秉承"每一滴都最美"的办学理念,娄江实验学校以学生发展为本,坚持"特色办学,文化立校"的办学方针。其中,"每一滴都最美"是学校推崇的教育理念,意味着不仅关注教育的成果,更关注教育的过程,强调每一个环节、每一个细节都应该精益求精、争取最佳。这一理念与以学生发展为本的"特色办学,文化立校"方针相契合,都将重点放在关注学生的个体差异和发展需求之上,鼓励学生发掘自身潜力和个性,探索适合自己的生涯发展方向。在这样的理念指导下,娄江实验学校开启了最符合学生成长需求的生涯教育探索工作。

从 2018 年起,娄江实验学校便已悄然迈入了生涯教育的前期探索工作之中。各类心理健康教育活动的陆续开展,从心理资源角度为生涯教育打下坚实的基础。从每年一度的"心理主题月活动"到生命教育课程设计,从校方教育工作到家长心理会谈,各类心理教育工作内容形式丰富、主题思想影响深远,为学校的生涯教育工作奠定了良好的基础,对学生、教师、家长等各方都产生了积极的引导作用。学校的物型课程建设,实现了课程体系与育人目标的有机融合,为校内生涯课程的设计和实施提供了宝贵的经验和场所。结合"德善娄江"教育特色,学校依托亲子社团课程展开生涯启蒙教育,探索学生内心喜好,探究青少年身心发展规律与生涯教育的育人范式,全面落实立德树人的根本任务。

心理主题月活动

2018年,娄江实验学校首次开展了以心理健康教育为目的的心理主题月活动。首次活动的主题为"七彩情绪,多彩生活",目的在于培养学生乐于、善于与同学、老师交往的品质与能力,培养学生开朗、合群、自立的健康人格,同时引导学生进行良好的情绪管理,并学会积极与家长、老师进行沟通,以锻炼良好的人际沟通能力,促进人际间的积极情感反应和体验。此后还开展了以"拥抱生命,绽放精彩""战疫抗逆,一路成长""自信助我成功""习惯了假期的慢节奏,无法进入紧张的学习状态,怎么办"为主题的心理主题月活动,从生命教育和自我调节等不同角度对学生展开了心理教育。

在心理主题月期间,内容丰富、形式多样的教育活动让学生们对自己的行为和情绪有了更深度的观察和思考。心理健康教育的形式包括心理绘本课、心理讲座、心理广播以及心理观影,主题从情绪调节到生命教育,从不同维度、不同层面展开心理教育,培养了学生热爱生命、珍惜生命的意识,对帮助学生管理情绪、塑造品格有重要意义。

对于中小学生群体来说,学习与生活不可能是一帆风顺的,在从0到1的过程中会遇到许多状况,有进步,有失意,有前进,也有坎坷。而这些意想不到的状况也会造就学生不同的情绪。在娄江实验学校每年春季开展的心理主题月活动中,不同主题的心理教育通过组织不同的形式,引发学生对于心理教育的兴趣,并且坚持将一以贯之的积极心理穿插在各个主题课程之中,从而潜移默化地影响学生,让他们了解如何处理不同的情绪。

在《我好难过》《我好生气》心理绘本课之中,老师通过绘本为学生讲解如何管理消极情绪,从而引导学生排解生活中的不悦,逐步成为一个拥有稳定内核的人。在心理教育课程之外,娄江实验学校还添加了校园心理剧活动,活动"让爱延迟会儿"培养了学生团体合作、互帮互助、互相理解的团队意识,并且让教师深入到学生中去,以平等的身份与学生相处。这样的教育活动使得每一个学生都能感受到教师的爱护与尊重,学生的心理和意图也被老师更好地理解与接受。这种师生之间的高度和谐关系,有助于培养学生对于教育者的信任感,从而更好地接受课堂知识以及生活中的关心,调动学生的积极性,促进整体素质的提高和不同个体的发展。

中国人民大学心理研究所所长俞国良、北京教育学院心理测评与心理健康教育中心主任曾盼盼指出:生涯教育概念的演变历程是生涯探索逐步迈入心理健康教育视野的历程,也是生涯教育的理念与当代心理健康观日趋吻合的历程。个体在生涯探索的过程中实现着心理健康,心理健康继而影响着生涯教育的整个过程。两者相互依存、相互促进,在生涯教育中蕴藏着极其丰富的心理健康教育内涵。因此,心理健康教育和生涯教育两者在概念定义、教育内容、教育方法、教育途径上有一定的互通性和包容性。这说明,在接下来的生涯教育工作中,娄江实验学校将会把已开展的心理健康教育课程作为直接的经验参考。

心理健康教育与生涯教育在概念定义上的重合是二者相互

借鉴经验、开展工作的理论基础。心理健康教育活动作为一种"发展性团体辅导",其定义是面向全体学生,使用恰当的辅导策略或方法,借助团体互动,协助学生重新评估自己的思想、情感和行为,调整认知与增进因应能力,以预防或解决问题并激发学生潜能的课程。而生涯教育的影响贯穿人的一生,促进人的全面发展,它强调心理资源与"学生人"到"职业人"角色转换之间的联系,是基于两个或两个以上心理品质的交互感知和组织融合,其本质也是一种发展性教育。二者都体现出深切的人文关怀,并促使学生不断探索自我、体验生活。

心理健康教育与生涯教育在教育内容上的互通为生涯教育的开展提供了基础。心理健康课程作为一个存在多年的、比较成熟的课程体系,其在很多方面的知识内容都可以帮助学校进行校内生涯课程的设计。心理健康教育和生涯教育的重点都是帮助中小学生认识和完善自我,了解自己的兴趣、能力与个性,学习心理保健和人际交往。娄江实验学校以心理教育为重点,围绕情绪管理、自我探索、性格培养、价值观引导开展的系列活动,在帮助学生建立价值观的同时,也帮助他们加深了对个人与社会、个人与群体之间关系的理解。例如,娄江实验学校在心理主题月中开展的"自信助我成功"心理课活动,以自我认识为主线,辅以情绪管理等内容,带领学生了解自己的性格、兴趣、能力和价值观。

心理健康教育与生涯教育在教育方法上的一致让二者能够进行多方面的相互补充。生涯教育课程如果一味采取单纯的知识讲授形式会变成空洞的说教,起不到真正的引导和教育作用。

如果能够辅以活动和体验去调动学生的行动和思考,就能更好地激发学生的发展动力。而心理辅导活动课就是一种基于"团体动力学"理论的活动课程,它具有以下特点:重感受,不重认知;重体验,不重教导;重课堂,不重课后。其中的团体辅导模式,更是具有感染力强、影响广泛、效率高、省时省力、辅导效果易巩固和迁移等特点。在这一方面,娄江实验学校所开展的心理健康教育活动采用了多种教育形式,如观影启迪、绘本科普、心理剧演示、家长访谈等。这些丰富的教育方法在本质上与生涯教育常采用的故事启迪法、社会实践法、分体讨论法、热点引导法、量表测试法、游戏体验法等教学方式有相似之处,这为二者在校园内的相继开展建立了坚实的纵向联系,而二者的相互补充、多元联动也更能凸显教育系统的一体化、完备化。

心理健康教育与生涯教育在教育途径上的相似,能够帮助学校进行完善的实施工作。学生是一个自然人,也是一个不断社会化的人,在其成长生涯中,家庭、学校、社会都是影响其生涯发展的重大因素。而单一的学校教育是难以完成生涯教育的,需要进一步挖掘与利用家庭、社区、机构、企业、院校等优质资源,助力生涯教育。生涯教育和心理健康教育的开展形式都包括课堂教育、学科融合教育、家庭或学校个别辅导、学校文化建设等。从2018年以来,娄江实验学校的心理健康教育已经形成了以学校为主线,家庭、社区等多方参与的校内外多元联动实施路径,这也与生涯教育所开展的学校与家长、学校与社区、学校与社会行业之间的协同合作模式相统一。这种家、校、社协同视域下的教育途径强化了各方共育的教育效能,帮助学生成为个性自主发展的主人。

清初思想家李塨在《平书订》中指出,"所学即所用,所用即所学",此观点在一定程度上阐释了教育教学活动的良好实施与教育目标达成之间的关系。娄江实验学校所开展的一系列心理健康教育实践活动,为学生生涯教育活动的开展积累了许多宝贵经验,提供了良好的资源服务。学校可通过借鉴心理健康教育课程的课程内容、教学方法、教育途径来开展生涯教育,帮助学生更好地认识和学习生涯知识,而生涯教育所传递出的观念也与当代心理健康观相符合。学校将二者的资源合理利用并加以创新,使得生涯教育和心理教育的课程更加有导向性和专业性,从而更好地提高课堂效率,帮助学生探索自我、明确目标。

亲子社团活动

亲子社团活动作为家校合作项目的重要形式,满足了家长与教师相互补充、相互理解的教育需求。目前,校方共组织了六类亲子社团活动,包括才艺类、体育类、公益类、游学类、家政类、心理类。

其中,才艺类主要针对初一、初二的学生组织班演活动,提高学生的艺术综合能力,并适当推荐在大型活动上的演出机会,极大地增强了学生的校园归属感和自我成就感。

体育类活动通过家长和学生共同参与体育活动,来调动学生的运动热情,有利于加强亲子交流,培养融洽的亲子关系。同时,青少年们可以在丰富的体育运动中消耗过剩的荷尔蒙,减少因激素失调造成的心理问题。

公益类活动让学生在义工服务的过程中,找到自我的价值所在,增强学生的自我认同感和价值感,有利于学生的心理健康。

游学类社团通过设计社会实践活动,让学生在实地参访中有所收获。和普通的观光游玩有本质区别,游学活动需要策划者提前设计让学生真正有所启发并受益的内容,比如邀请行业资深人士进行经验分享等,通过沉浸式参与和感受,启发学生对未来的思索。

家政类属于劳动教育的一种,让学生在劳动中有所收获和成长,旨在全面提升学生的综合能力。如清明节期间让学生学习制作青团,端午期间让学生尝试自己制作粽子,春节期间组织一桌年夜饭活动等。在家政活动中,学生既能提高自己的生活技能,找到自我的价值和意义,又能通过劳动成果的分享,加强与身边人的交流和沟通,促进与他人的友谊和关系。

心理类活动主要包括两方面。一方面是在大型考试前,邀请专业心理老师,组织学生、家长共同参与团辅活动,以缓解考前学生和家长的心理焦虑问题;另一方面是常态化心理辅导活动,如对初一、初二的学生进行全员心理健康评估,设立班级晴雨表,重点关注学生日常生活和学习中的心理状况。

亲子社团活动的开展建立了良好的家校关系,构建了稳定的、有娄江特色的家校合作模式。用好家校合作平台,推动家校协同一体化合作教育,能够进一步促进和谐家校关系的构建。在亲子社团活动的基础上,娄江实验学校还建设出一支资源优质、经验丰富的家委会队伍。这支队伍在岗位职责、事务分工、能力培训上都展现出丰富的教育经验，在一定程度上拓展了课堂之外的教学内容。在每次的家委会活动中，家长成员们都积极配合开展活动，不仅使家长提升了对自己的认同感，也让他们更加理解学校，充分发挥了家长与学校间的桥梁作用。

亲子社团的开展高效地整合了家长和学校资源。很多亲子社团的组织者便是娄江实验学校的家委会委员。在新课程改革社会化学习、终身学习的趋势下，学校本身的教育资源可能难以满足学生全面发展的需要，而学生家长能够提供的社会资源、社会经验等是学校教师无法企及的。娄江实验学校组织了"家长进课堂"活动，让从事各种不同职业的家长，给学生分享自己行业的经历，如医疗行业的家长给孩子培训心肺复苏，金融行业的家长讲股票等，学校希望通过"家长进课堂"活动形成一个完善的行业资料库，通过持续的积累，使得每种职业都能形成一个具有参考价值和意义的模板。通过这种父母讲师团的打造，形成学校、家庭、社会三位一体的教育模式。娄江实验学校通过搭建起学校与家庭沟通的平台，充分发挥了校内外各项教育资源的最大效能，以全面提高学生的综合素质。

亲子社团的建立为后期生涯教育的开展夯实了基础。娄江实验学校所开展的"家长进课堂"系列活动，结合了家长自身的专业特长以及不同年龄段学生的特点选择授课主题，帮助学生了解社会、认识职业，使得后期在对学生开展生涯教育时，能够借助现有的真实案例作为课堂案例，这无疑让学生增添了一份学习生涯探索的兴趣，从而促进青少年的自我概念认知和对生涯探索的关注。而"父母讲师"这一角色的出现，为以往模式化的教育教学带来了新的启迪,也为生涯教育课程的开发与推广注入了新的动力。并且,亲子社团的建立增加了学生与家长在家庭之外环境之中的互动,同时增加了孩子对父母职业的理解。这些活动为学生与家长创造了高质量交流、建立情感联结的机会,保证了和谐、多元、相互理解的健康亲子关系,这也是促进学生进行生涯探索活动的重要因素。

物型课程

教育是基于物质、超越物质的人的精神与灵魂的再造,这是物型课程的实质所在。物型课程中的"物"是载体,包括校内所有的实体物质,如场馆、建筑、教室、植被等。从教育学角度看,遗传因素、环境因素和教育因素是影响人身心发展的三个基本要素。环境是认知系统的组成部分,环境的设置对学生的影响是潜移默化的。尤其是当环境对人的影响产生一定的教育作用时,环境也将成为影响青少年成长的一个发展因素。学校犹水,师生犹鱼。娄江实验学校所践行的物型课程便强调了学校建设过程中的环境育人价值观念,学校以"人物一体"的理念来进行地表文化、空间文化、学科文化、格物文化的式样化室内外学习场所的规划与建设,体现了在创新中求发展、在特色中做文章的风格。

娄江实验学校的物型课程强调学校建设中所有物态东西都需要体现教育价值。如学校的"STEAM科创中心"是学校的科技活动基地,也是培养孩子们求真、创新品格的重要场所。科创中心内有VEX工程挑战机器人、VEX IQ机器人、车模场地、3D

打印区、BIT实验室，拥有各种关于STEAM课程的书籍，学生可以根据科创课程活动的需要随时翻阅，围绕问题展开研讨，在阅读中寻求技术解决方案。此外，娄江实验学校通过重新功能定位，将学校的原有文化景观、专用教室装备等教育教学设施，组合成一个个课程群纳入学校课程体系，形成了"一带一路一中心"。其中，"一带"是由教学楼的通道、廊道、楼道所构成的上善娄江文化带，包括中华文明带、世界文明带、传统文化带、核心价值观带、综合素养带等。"一路"则是各个通道、走廊所呈现的各具特色的主题文化路，比如一楼大通道的昆山乡情文化主题、一楼廊道的法律法规文化主题、科技楼道的科技教育主题等。"一中心"则是围绕各个教研室所展开建设的教育基地，如生物标本室升级到生态教育的范畴，命名为生态教育中心；书画教室定位于国学文化教育中心，向苏州市文明办及教育局申请挂牌成立了"德善书院娄江学堂"，成为学校重要的文化教育基地；烹饪教室定位于家政课程中心，纳入生活课程体系。如此一来，学校处处是课堂，处处是课程中心。

学习的发生需要良好的条件，而育人的发生需要课程来支撑。物型课程的研发都坚持学生立场、本土立场，与学生、教师、家人的生命、生活都紧密相连。例如在构建"模拟法庭"的课程体验中，学校所使用的案例均为真实发生的或由真实案例改编而来，模拟法庭为学生打开了了解社会的一扇窗，通过对贴近实际、来源于生活的案件的调查、审理和裁判既提高了学生运用法律的能力，亦为学生提供了了解人性、了解社会、反思三观的机会。在模拟法庭中，学生通过角色扮演，模拟法庭整个流程，代入感强,印象深刻,这种特有的情境性能够强化学生的情感体验,比枯燥的理论说教或旁观者式的观影更能深入人心,触发思考。

学校开展的物型课程为后续生涯教育的开展提供了环境基础、课程基础。开设物型课程可以为生涯教育提供动力,又可以帮助学生培养未来职业所需的实践技能、团队协作和创新性思维;在为已经开展的生涯教育营造良好的文化氛围的同时,为课程的推行争取了更多学生和家长的理解,奠定了学生、家长认可和支持的基础。

第二节　生涯探索阶段的收获

娄江实验学校所开展的系列教育工作从多维度教育学生、多角度建设学校,在课程建设、校园建设、师生互动、家校合作方面都取得了巨大的成果,同时为接下来生涯教育工作的开展创造了更加完备的软、硬件条件。

学生已具备生涯探索的部分先决条件

我校开展的心理健康教育工作为接下来的生涯教育带来了积极的导向影响。通过心理健康课程,学生们在认识自我、管理情绪、建立人际关系、解决问题等方面得到了很好的提升。而通过心理辅导,学校的学生心理咨询服务得到了极大的改善,学生们可以更加及时地找到专业的心理辅导,从而更加有效地解决自己的问题。通过心理绘本的阅读，学生们进一步了解了心理健康的重要性，也得到了一些实用的操作技巧。首先，学生们往往会面临多种挑战和困难，而心理健康教育的实践，可以让他们更好地认识自己，管理情绪，使自己更加强大、自信，从而在生涯成长的过程中更加稳健、自主。其次，心理健康教育的收获让学生在日常的学习、生活中更加关注自己的心理状态，从而更好地探索适合自己的生涯路径，更好地展现自己的潜力和个人价值。因此，学校举行这些活动，不仅是为了保障学生当下健康的身心状态，也期望帮助学生更好地适应未来的生涯发展。

一系列的亲子社团和社会实践活动让学生对自己有了初步的了解。学生只有清晰地了解自己的个性、兴趣、价值观和能力特点，才能更好地进行生涯探索。虽然学生此时对自我还没有达到深刻、全面的认知，但这些活动让学生意识到了自己在做什么的时候会感到开心，有成就感。并且，亲子社团活动促进了孩子和家长之间的沟通和交流，提高家长对孩子教育的参与度和质量，从而更好地帮助孩子探索自己的学业发展和个人成长发展。

"家长进课堂"活动带领学生们走进了职业世界。了解社会是生涯探索活动的前提条件，包括不同职业的现状、前景、技能需求等，虽然家长覆盖的职业类型有限，但该类活动激发了学生对职业世界的好奇和探究欲。通过建立家委会，学校组织家长选举能代表全体家长意愿的学生家长，让他们有针对性地提出有关生涯教育的建议和要求，与学校一起推动生涯教育的发展。组建家长讲师团，邀请专业人士来学校讲授有关生涯探索、职业选择等方面的知识和经验,更加全面地引导学生进行生涯探索,使得接下来生涯教育工作的开展更为顺利。

物型课程的育人模式培养了学生自主学习、合作探究的能力。生涯教育不是单向性的信息输出,老师只有将工具和方法教给学生,学生利用这些工具和方法进行持续性地探索,才能找到适合自己的发展方向,实现自我价值。物型课程可以作为生涯教育课程中实践技能培养的一个核心部分。通过物型课程的学习,学生能够获得与实际工程设计相关的技能,例如产品设计、机械工程、电子电路设计等,这些技能是未来从事科技行业的基础能力之一。因此,物型课程首先可以帮助学生探索自己未来的职业方向,并为其进一步发展提供重要的支持。其次,物型课程的团队合作和解决问题的能力训练也是生涯教育课程中的重要目标。在物型课程中,学生通常以小组形式完成一些实际工程项目,需要配合协作,互相支持和帮助,共同面对挑战。这一团队合作和解决问题的能力是在实际工作中必不可少的,也是生涯教育课程中必须培养的素质之一。此外,开展物型课程可以让学校更好地了解学生的兴趣爱好和优势,结合学生的实际情况,提供更具针对性和实用性的生涯教育课程和活动。

积累了为育人目标服务的课程设计经验

党的二十大报告指出,培养什么人、怎样培养人、为谁培养人是教育的根本问题。育人的根本在于立德。要全面贯彻党的教育方针,落实立德树人根本任务,培养德智体美劳全面发展的社会主义建设者和接班人。娄江实验学校始终围绕校训"上善若水",探索以立德树人为目标的课程文化、以社会主义核心价值观为内容的课程样式,实现"信""责""真""勤""仁""美"的育人目标。(信,即诚信,守信用;责,即责任,要有责任意识;真,即求真,探寻真理;勤,即勤劳自立;仁,即仁爱,尊重生命;美,即尚美,蕴含着心灵美、语言美、行为美。)

为落实育人目标,学校在物型课程体系的设计中坚持以生命课程为基础,以生活课程、科学课程、艺术课程为主干,以国学、国际"特色课程"为补充,从自主发展、社会参与、夯实文化基础三个维度,培养自主学习、能健康生活,有责任担当、努力实践创新,有人文底蕴和科学精神的学生。以生命课程为基础,呈现了对学生生命探索和关怀的态度,出发点是尊重和支持学生的自我发展和探究、人生探索和实践,以及健康成长和自我管理。这一基础对于初中生而言,是非常宝贵和必要的,也不容易被其他科目完全涵盖到。而以生活课程、科学课程、艺术课程为主干,展现全面和核心素养的培养,学生从多个角度获得了实用知识和实践技能,涉及学生现实中感兴趣和面临的诸多问题和挑战,有助于开拓和巩固学生对于世界和自我的认知。

这些举措为学校的育人目标积累了课程上的经验与教育资源。首先,物型课程体系支持学生尝试、探索和发掘自己的特长、爱好、价值观等个人特质,因此形成了与学生多样性相适应的教育理念和策略,增强了学校和教育者的灵活性和反应能力。其次,课程内涵和教学方式均充满实践和探究元素,以兴趣和思考为中心,鼓励学生在各个领域表现出自己最好的一面,养成自主学习和解决问题的能力。最后,由于课程体系中含有培养领导力、合作精神、情感体验等多方面的能力和特征,可以帮助学生具备较高的适应能力,更好地融入社会。

在物型课程的实践过程中,娄江实验学校采用实践育人、课程育人、环境育人等多元方式落实育人目标,实现了课程体系与育人目标的有机融合,为生涯教育的开展提供了宝贵的经验。因此,学校育人的目标是有实质性的、系统的、协调的体现,能够有效地提升学生的整体素质与兴趣爱好的养成,有利于学生成长为全面发展、善于思考、有创造力的人。

具备了实施生涯教育的必备资源和条件

对于生涯教育课程而言,基础设施的建设是促进生涯教育工作顺利开展的关键因素之一,是不可或缺的,而物型课程的建设为生涯教育提供了必备的基础设施条件和校内实践活动基地。学校物型实验室设施完备、齐全,学生有充足的时间和机会进行实验、模拟和探究,便能够更好地掌握与科学现象有关的知识和应用技能。同时,带有现代化元素的物型实验室设备,也能对学生的职业探索和实践有所帮助,比如机械制造技术和工程技术等。娄江实验学校所建立的物型场馆,从硬件条件到相应的课程设计都十分完备。学校重组和新建了十八个课程中心,让课程的有效实施成为可能。其中包括"生命"主题系列的融合教育中心(资源教室群)、生态文明中心(标本室);"艺术"主题系列的昆曲艺术中心(天天演舞台)、舞蹈艺术中心、合唱艺术中心;"国际"主题系列的未来学习中心、世界文明中心。不同主题的场馆能够帮助学生拓宽视野、体验不同的生活职业模式,更好地挖掘自己的特长和潜力，符合生涯教育课程实施和发展的需要，为学生学习和探究搭建了坚实的硬件基础。

紧密的家校联系是生涯教育课程建设的另一助力。家长作为学生教育的重要角色之一，为学生的生涯和职业探索提供了有力支持，家长可以通过家庭教育、家庭实践、家庭微观实验等手段，复习和拓展学生在课堂上学到的知识和技能。娄江实验学校所搭建的校外实践活动基地，家委会组织的亲子社团活动，有助于学生了解和掌握更加真实和全面的生涯探索活动与应用场景，为未来的实践和发展奠定较为深厚和广泛的基础。

教师的教学能力、知识储备和实践经验，直接影响学生对于探究和学习生涯知识的态度和水平。在过去的几年中，娄江实验学校利用暑期组织教师培训，让全体教师，特别是班主任，系统学习大生涯教育的相关内容，为开展生涯教育工作以及课程的开发和研究提供了保证。并且，学校注重生涯教育的师资培养，为生涯教育教师提供规范性的职业发展和升级机会。为建立起高质量的生涯教师团队，学校严格把控选聘标准，聘请专业生涯教育教师来进行教学，生涯教育课程的质量和持续发展得到最大的保障和鼓励。

第三节　生涯探索阶段的反思

娄江实验学校的生涯教育并不是碎片化教育，而是贯穿整个初中学段。并且它不是局限于职业规划的小生涯教育，而是基于生命体验、生活技能提升、职业发展的大生涯概念，基于这样的大生涯概念，在探索阶段，学校开展的生涯教育工作还有一些值得改进的地方。

课程结构问题

在探索阶段，娄江实验学校所开展的生涯教育课程主要是以社会实践、生涯主题心理课、家长进课堂的形式向学生介绍生涯相关知识，在课程结构上缺乏一定的系统性和完整性。虽然已经开设的课程能够让初中学生群体初步了解生涯探索，具备生涯探索的意识，但并没有设立明确的生涯教育目标，也没有进行具体而完整的生涯课程设计；因此，学校应该遵循学生生涯发展需求系统设置课程目标。并且，在探索阶段，学校的生涯课程主要以活动形式展开，并未安排在课表上，在课程设置上缺乏稳定性，课时无法得到保障。这样的课程安排导致师生、家长对于生涯教育课程的重视不足，无法发挥生涯教育的最佳效果。在教学质量评估工作上，学校对于生涯教育课程缺乏课程评价，难以真正了解课程效果。除此之外，现有的课程资源十分有限，在教学方面，教师只能参考一些常见的生涯规划理论（如生涯彩虹图、霍兰德职业兴趣测试等），难以满足学生发展的真正需求。

生涯教育师资问题

在探索阶段，大部分跟生涯教育相关的课程内容由心理老师或者班主任执行，学生并未感觉自己在上生涯课，老师对生涯教育的认知也不清晰。具体来说，这些老师可能在生涯教育领域缺乏深入的研究和理解，需要依赖于已经准备好的教材和教育资源。这种情况下，老师给予学生的教育往往不能真正满足学生的需求，也无法给学生提供系统、针对性较强的指导。这种现象一定程度上是由生涯教育的特殊性导致的。相比于其他学科，生涯教育更依赖于利用实践经验和专业知识去指导学生。由于生涯教育的范畴十分广泛，涵盖了很多职业领域和知识体系，老师需要具备不同的背景和技能才能够真正做到有针对性、有深度的指导。而现有的人才储备和培训机制并不能保证老师在这方面的专业性和素养。我国师范教育中缺少对生涯教育专业人才的培养，笔者对几所重点师范大学的本科生专业、研究生专业和研究方向分析发现，本科阶段未设有生涯教育相关专业，相近的有开设于管理学院的人力资源管理专业，但是其人才培养目标与初中生涯教育师资要求相差甚远。当前生涯教师的专业发展路径多为非常态性的区域调研、讲座、交流学习或者自我提升，师资培训覆盖面小、系统性低、持续性差，对于提升师资队伍的整体水平效能不足。

对于这种现象，娄江实验学校采取多种方式加以缓解。一方面，对生涯教育课程进行更加深入的研究和设计，加强教育资源的整合和利用，提高课程的实践性、针对性和适应性；另一方面，完善和强化教师的培训体系，加强其在生涯教育方面的特色培训和经验分享，提升其专业素养和教育水平。校内生涯课程系统性地向老师介绍生涯教育的理念、知识和技巧，提供专业的指导和培训，帮助老师增加教学经验、拓宽专业视野，引领生涯教师了解国内外生涯教育发展动态，了解不同职业领域的人才需求和发展趋势,从而拓宽教师的专业视野和教育思路。同时,校内生涯课程引领生涯教师探究生涯教育的新理念、新方法和新技术,促进教育方法的创新和改进。

家长教学的局限性

在探索阶段,学校主要依靠家长助推生涯教育中"职业普及"的工作,但由于大部分家长未参与过教育教学活动,缺少专业性经验,并且所分享的行业知识覆盖不全面,因此在教学分享过程中存在着缺乏系统性、框架性的问题,不利于学生全面了解社会上不同的行业和职业。对于学生来说,想要增加对一个职业的了解和思考,不能只看其光鲜的一面,要从工作内容、工作形式、人才要求、发展前景等多方面看待。虽然学生可以通过"家长进课堂"活动了解不同的职业,但是家长们的分享内容和形式不一,学生很多时候只能看到工作的表面,难以真正把握行业动态、职业内涵,难以在个人生涯与外部环境之间建立紧密的联系。因此,家长分享教学的模式虽然能够为生涯教育带来一个良好的开头,但从长期的教育教学工作来看,生涯教育的教学还需要更加完整、系统和专业的课程设置。

第四节 从"生涯探索"到"整体构建"

2021年10月12日,中共中央办公厅、国务院办公厅印发了《关于推动现代职业教育高质量发展的意见》,这是我们国家首次把"在普通中小学实施职业启蒙教育,培养职业生涯探索的能力"列入了重要议事日程。这与昆山市娄江实验中学已悄然开展的生涯教育探索不谋而合。

创建以学生为中心的生涯教育模式

如果将娄江实验中学前面五年的生涯教育看作学校的"生涯探索"阶段,那2022年娄江实验中学迈入了"整体构建"阶段。在"整体构建"阶段,学校将通过创建以学生为中心的生涯教育模式,保障"三全"(全方位、全员、全过程)生涯教育实施,培养娄江德善少年。

娄江实验中学以学生为中心的生涯教育模式,其重点在于将学生的终身发展作为第一出发点。以学生为中心的生涯教育模式,是指学校在设置校内生涯课程的目标和内容时,始终把学生的个体发展需求作为首要考虑,充分考虑学生的年龄特点和所处的生涯发展阶段。娄江实验中学提出的这种模式具有以下几点优势:

第一,以学生为中心可以帮助学生实现个性化的生涯探索。每个学生都是独一无二的个体,拥有自己的优点和缺点、爱好和兴趣,以及人生发展目标。因此,在帮助学生进行生涯探索时,应该注重学生的个性差异,制订个性化的发展计划,满足每个学生不同的需求和期望。

第二,以学生为中心可以提高学生的主动性和参与度。在实施生涯教育的过程中,教师和学生应该合作开展各种实践活动,包括课堂互动、游戏、校内实践、校外实践等,使学生在实践中学习、体验、发现自己的兴趣和潜力。

第三,以学生为中心可以培养学生的终身学习意识和能力。生涯教育不仅仅是为了学生的个人发展,更重要的是让学生在生涯教育的过程中不断成长,不断学习,不断提升自己的能力和素质。因此,以学生为中心的生涯教育应该把发展潜力和自我实现作为核心目标,不断激励学生继续学习和成长,让他们成为拥有更广阔视野和更强大自我认知力的终身学习者。

同时,娄江实验中学在开展生涯教育工作之时充分考虑到学生的年龄、心理特点,以此为依据来制定生涯课程。初中生处于一个从幼稚向成熟过渡的阶段,是一个半成熟和半幼稚、独立性和依赖性、自觉性和幼稚性错综矛盾的时期,也是身心发展的关键时期。在这个时期开展生涯教育对于初中生的个人成长具有重要意义。生涯教育是以学生个人成长为核心,旨在通过引导学生对自我认识、社会认知等方面的了解,帮助他们完成从幼稚向成熟的转变,实现心理上的进步。同时,生涯教育还能增强学生的社会适应能力,提高其对社会的理解和认知,使其更好地适应社会发展的需要和挑战,从而实现自我价值的最大化。

初中生处于人生观、世界观形成的关键时期。随着年龄的增长,学习的内容不断加深加宽,社会接触面的不断扩大,他们开始根据社会的需求考虑自己如何有意义地度过一生这个重大问题,人生观开始进入他们的意识领域。但这个时期人生观的形成在很大程度上还基于感性的经验,因而很不稳定,很容易在其他因素的影响下改变自己的看法。面对尚处于成长期的中学生,学校需要建立完善的辅导和支持系统,让学生在探索和决策过程中得到正确的指引和帮助。而以学生为中心的生涯教育模式非常注重尊重学生的兴趣与需求，注重完善的辅导和支持系统，能够对他们进行全方位的指导。所以在这个阶段，生涯教育要注重培养学生正确的人生观、价值观，塑造优秀的生涯品格，树立对外部世界的正确认知。通过生涯教育，初中生可以发展自我意识，提高个人综合素质，包括自我控制、领导力、沟通技巧、批判性思维、自我管理和团队合作等能力，这些素质对未来的个人生涯发展非常重要。

基于以学生为中心的生涯教育模式，通过总结生涯探索期间所获得的成果与经验，反思教育教学工作中存在的不足之处，娄江实验中学提出了开展生涯教育的新布局，组织策划了为生涯教育工作服务的三大系统，以保证学校生涯教育的长足发展。

推进生涯教育工作的三大系统

1. 顶层设计与组织管理系统

首先，在课程顶层设计上，为拓展学校教育资源，丰富生涯教育课程内容，娄江实验中学与第三方专业机构展开生涯教育合作，共同组成校内生涯课程研发小组，以保证课程质量。专业的生涯教育机构通常有更丰富的教育经验、更完备的课程体系以及更多的商业合作资源，可以让学生们接触到更多的行业信息和实践环节，使得学生的生涯探索更为全面，视野更开阔，对未来产生更深刻的思考。其次，可以保证生涯教育课程的实施效果。和专业的第三方机构紧密合作开发的生涯教育课程可以兼顾理论教学与实践教学环节，充分发挥生涯教育课程的最佳效果。将实践教学与理论教学有机结合,使学生们在实践学习中更好地培养生涯探索意识,并能积极主动地进行生涯探索活动。此外,在教学评价上,可以实现生涯教育课程评价的多元化。第三方机构通常有更为先进的统计方法和评价方式,可以为校内生涯教育评价提供更多元化的方式。最后,在课程开发上,和专业机构紧密合作,可以优化校内生涯课程的开发方式,使校内生涯课程的设计和开发更为系统,更加实用。通过与专业机构的交流和合作,可以更准确把握当今社会趋势和就业市场的变化,并将这些信息转化为校内生涯课程的内容,使校内生涯课程实现优化。

在组织管理方面,学校实施课程管理的领导机构是"课程管理领导小组",由校长、分管副校长、教导处、教科室、德育处以及各学科教研组长构成,小组在校长的领导下,负责学校课程的开发、实施与评价。校长和副校长是学校的领导者,由他们担任课程领导,能够保证高层领导对于生涯教育工作的支持和推动,能够具有有效的决策力和组织力,为生涯教育课程的成功实施提供有力的保障。而教导处、德育处和各学科教研组长负责不同方面的教学与管理工作,通过他们的参与管理,能够保证课程实施的整体性和统一性。同时,他们也能够将生涯教育融入各个学科的教学中,让学生更好地理解和应用生涯教育的知识和技能。此外,这样的设置保证了课程实施的专业性。生涯教育课程的实施需要专业的知识和技能,教导处和各学科教研组长的参与,能够保证课程的专业性和教学质量,并根据学生的需要不断改进和创新课程内容,从而为学生的生涯探索和发展提供有力的保障。

2. 社会支持与资源融合系统

为了充分利用家校合作所带来的资源,丰富学生的成长经验,拓宽学生的思维,学校将系统性地开发整合更多优质的社会资源和家长资源,构建学校、家庭与社会有机融合的生涯教育体系。

首先是进一步完善家长行业资源库,尽可能覆盖更多的行业。家长行业资源库是学生进行生涯探索的重要支持系统,必须充分整合社会资源,提供有效的信息和服务,形成校内外联合育人的格局。这不仅需要学校的努力,也需要家长、社会共同承担起责任,加强合作,才能发挥更大的效益,服务学生的生涯发展。娄江实验中学将建立行业信息库,将不同行业的相关信息进行整合,包括就业前景、薪资待遇、行业特点、职业发展前景等,让学生根据自己的能力和兴趣,有针对性地去了解不同专业和行业。还将邀请相关行业的专家、校友、家长担任导师,指导学生在校内进行实践探索;深入了解行业内的专业技能和经验,学习榜样人物的生涯品格;搭建起学生和生涯探索之间的桥梁,帮助学生提高实践能力和交流能力,挖掘自身闪光点。

其次是进一步提升"家长进课堂"的课堂质量,为学生提供一个职业访谈框架,让学生掌握了解职业、探索职业的方法。学校往年的"家长进课堂"活动仅在基础的职业介绍方面为学生提供了参考,对于行业动态、职业探索以及个人发展方面缺少深入研究。同时,相较于学校教师,父母对于学生的榜样教育作用无法替代,并且会为目前的生涯教育课堂注入新的活力,因此更应该进一步提高对"家长进课堂"的重视。为提高教学质量,可以根据职业访谈框架来修改课程内容。

一、提前准备教学材料。授课家长可以事先准备好自己的职业介绍、精美的 PPT 等资料,这样才能更好地向学生展示自己的工作内容和生涯历程,引起学生的兴趣和共鸣。

二、讲述所从事的行业以及行业职责。授课家长在讲述自己所在行业时,应重点强调自己所掌握的技能和经验,让学生明白生涯探索过程中了解自身特长的重要性和必要性,同时可以向学生传授一些行业经验和工作职责,增强学生对工作责任、生涯责任的重视。此外,还可以讲述自己选择这份工作的理由,帮助学生了解其生涯发展的历程,使其建立起生涯探索的意识。

三、阐释所从事行业与人才需求关系。授课家长在谈论到行业对于人才有什么样的要求、适合什么样的人去从事之时,应以实际的案例出发,从专业知识、硬实力、软实力、性格、生涯品格以及兴趣这几大方面展开叙述,帮助学生在课堂授课过程中,完成对自身情况的评估与对照,从而了解该以怎样的评估方式来判断生涯选择。并且,授课家长应该注重与学生之间的互动和交流,倾听学生的想法和体会,提供正确的引导和指导。同时,家长也需要从学生那里获得反馈意见,以不断完善自己在课堂上的讲授方式及教育内容。

四、帮助学生发现职业价值。授课家长可以通过分享自己对工作的看法,并说出自己最喜欢这份工作的地方,以便培养学生对于职业精神的认知。同时对于工作中遇到的挫折和坎坷,授课家长也需要提出,并讲述自身是如何克服的。通过这种较为全面和理性的分享,学生们可以以一个更为客观的态度去探索自己的生涯。

为了更好地促进学生的生涯探索,校方应加强家校合作,建立家校联系机制。学校可以为家长提供生涯讲座,提高家长的生涯辅导能力。此外,校方将不断丰富社会实践主题,如通信技术、科技创新、人工智能、非遗文化、档案管理、服装设计、现代农业、名校参访等,拓宽学生的眼界,激发学生的学习内驱力,以增强学生的综合素质。实践是学习的重要环节,能够帮助学生提高他们的动手能力、创新精神、组织协调能力,从而增强学生的综合素质和实践能力。并且,实践活动可以从不同的方向展开,让学生能够接触到不同的知识内容,拓宽他们的知识面,提高他们对各种知识领域的认识和理解。

3. 学生生涯成长指导系统

学校基于以学生为中心的生涯教育课程体系,建立了以校内生涯必修课程为主,辅以生涯选修课程、社团课程、个性化咨询、社会实践课程等不同类型的生涯教育课程,以满足学生多元化、个性化的需求。其中,校内生涯必修课程是学校实施生涯教育的主要途径,包括兴趣探索、能力探索、职业探索、社会价值、生涯品格、高效学习等内容。主要教学内容包括四个板块:自我认知、社会认知、个人成长和生涯探索。每个板块的教学重点都考虑了初中生的发展特点和年龄特征,而且内容都服务于生涯探索能力的培养。

其中,自我认知部分的重点在于帮助学生建立清晰的自我认知,促进自我同一性。这一部分的课程将在学校进行的心理健康教育工作上继续加深,帮助学生理解关于自我、自我与他人以及自我与社会的关系,从而全面把握自我认知的概念。

社会认知部分将重点放在对社会关系的认知、对社会角色的认知以及对社会评价体系的认知之上。课程围绕"对社会关系的认知""对社会角色的认知""对社会评价体系的认知"进行内容设计。其中对社会关系的认知内容为:认识自己的支持系统,意识到自己不是孤独的,在需要帮助的时候可以寻求老师、同伴、父母的帮助。对社会角色的认知内容为:了解每个人承担的角色和责任,深度了解不同的职业及每个职业的工作内容、职责、对人才的要求等。对社会评价体系的认知内容为:了解社会的评价方式、社会价值的概念、如何获得收入等。

个人成长部分的重点为生涯品格和学生发展核心素养培养。课程将通过人物生涯故事来使学生了解,各色的生涯品格是如何落实到行动上的。生涯品格教育课程重视学生自我认识的培养,让学生更好地了解自己,也能够让学生理解自己与社会的关系,从而帮助学生更好地适应社会,实现自我价值。并且,开设生涯品格教育课程可以帮助学生树立正确的价值观,促进学生自我认知、适应社会,提高个人素养,使学生在未来的生涯中能够发挥自身优势,实现人生价值。

生涯探索部分的重点在于激发生涯思考、掌握生涯决策的方法。对于初中学生来说,生涯探索的意义就在于埋下未来的种子。初中生正处于人格塑造的关键时期,因此首先要帮助他们形成对自己未来发展的初步认识和理解,同时激发他们的兴趣和思考,使他们意识到拥有"梦想"的重要性,以此激发他们对于不可见的未来的热情和探索欲。

而生涯选修课程与学生的兴趣特长和未来发展有直接关系,可以帮助学生更深入地了解和锻炼自己。常见的生涯选修课程有外语课程、IT课程、文艺特长课程等。

社团课程是校内生涯课程的有力补充,让学生通过参加社团活动,提高个人的兴趣爱好和团队合作能力等。社团类型包括兴趣特长社团,也就是为学生提供多种兴趣爱好相关的社团,如体育运动、语言沟通、艺术创作等,可以提高学生的综合素质和技能;技能培训社团,即各种技能相关的社团,如摄影、手工、程序设计等,让学生更加熟练掌握相应的知识和能力。

此外,个性化咨询和生涯主题社会实践活动也是生涯探索和实践中的重要环节。主要教学内容包括:

个性化咨询:通过一对一生涯咨询帮助学生深入了解自己的优势和劣势,并根据学生个人特点为其提供相应的生涯探索建议。

生涯主题社会实践活动:为学生提供机会,让他们亲自体验职业生活,了解不同行业的发展趋势,锻炼自己的社交能力和实践经验,为未来迈入职场做好充分的心理准备。

以上生涯教育课程的实施不仅可以培养学生的核心素养和综合能力,还可以帮助他们为未来的学业和工作做出更加明智的决策。实施多样化的生涯教育课程,建立完善的学生生涯成长系统,有助于学校建立更加完善的学生成长档案,有效地记录和维护学生的学习轨迹,为学生提供更为全面和长久的学习支持和服务,是推动学校教育工作全面提高与升华的必要举措。

顶层设计与组织管理系统、社会支持与资源融合系统和学生生涯成长指导系统相互补充、多维互利,共同组成了一个完整、专业的生涯教育系统,这将会保证学校生涯教育的专业化、系统化、整体化开展,为学生提供积极的生涯教育体验。娄江实验中学对于三大系统的积极推行,能够保障生涯教育教学工作的"三全":全方位、全员、全过程。

全方位:三大系统能够保证生涯教育工作从教育内容、教学方法、教学评价等多个方面进行全方位的考虑,从而达到更好的教育目的。例如,顶层设计与组织管理系统能够确保教育内容符合社会需求与学生兴趣;社会支持与资源融合系统能够为课程提供资源和实践机会;而学生生涯成长系统则能够对学生在学习生涯方面的成长进行全方位的指导与评估。娄江实验中学开展的三大系统,能够全面整合学校的生涯教育空间、系统性的生涯教育课程以及教师和学生的投入时间,形成生涯文化建设氛围,使得每一个参与者注重生涯建设的整体性推进。

全员:三大系统不仅覆盖学生,还包括教师、社会资源和家长等多个方面的全员参与。教师、家长以及社会资源的参与可以为学生教育提供更多的资源和支持,学生的参与也是学习过程中不可或缺的组成部分,是生涯教育工作的重点实施对象。只有所有的参与方相互融合、相互理解,才能确保生涯教育工作的顺利进行。只有学生、教师、家长、社会专业技术人员多方共同合作,才能全面构建出一个学校、家庭、社会(知名企业、大学、科研院)的共同协作生态系统。

全过程:生涯教育工作涵盖了初中的各个阶段。学生通过目标设定、计划实施、评价评估的过程体验生涯教育的全过程。尽管校内生涯课程在不同年级所包含的内容都围绕着自我认知、社会认知、个人成长和生涯探索展开，但这些板块的难度会随着学生的年级递增，涵盖的内容也在不断更新。在这个过程中，学生逐渐建立起针对生涯发展的探索和决策能力，这些能力将为他们未来的学习和职业生涯铺平道路。

此外，娄江实验中学还建立了详尽的校内生涯课程体系和评估体系，这是课程建设项目的重要一环，也是第一年重要的建设目标。为了全面、科学、客观地评估校内生涯课程的教学效果和学生学习效果，娄江实验中学建立了完善的课程评估体系。该体系包括四个重要部分：实施方案、评估方法、评估数据处理与分析、改进措施。

实施方案：为了确保校内生涯课程评估的科学性和系统性，需要制定评估方案。评估方案是评估的核心内容，包括评估目的、评估内容、评估时段、评估方法、评估指标等。评估目的旨在明确评估对象、目标与标准；评估内容主要依据课程要求和学生期望设计评估指标；评估时段要根据课程的教学进展和学生的学期安排等合理安排；评估方法要将过程性评估和总结性评估相结合，在过程性评估中采用自我评估、自我举证、KWL表格、生涯图景海报的方式，从学生角度来对课程进行评估，在总结性评估中利用问卷调查、个案分析等多种方式，以得到多视角的完整评估结果；而评估指标则主要包括学生知识与技能的发展、兴趣爱好的培养等方面的内容。

评估方法：要科学地选择评估方法，以充分反映校内生涯课程对学生的影响。学校采用的是过程性评估和总结性评估相结合的方法,每种方法都有其优缺点,因此需要根据不同的评估目的选择相应的方法。过程性评估以学生的自我评价为主,还包括学生对于所学课程内容的自主思考与心得体会。而总结性评估以问卷调查为主,适用于比较学生在课程实施前后所展现出来的生涯探索能力,便于课程研发小组对后续的课程教学工作进行调整和修改。

评估数据处理与分析:对收集到的数据进行处理与分析是确保课程评估结果准确有力的关键。这一部分主要包括数据的录入和统计分析、数据比较、数据报告和展示。首先要将收集到的数据进行统计汇总,然后利用统计软件进行相关分析,比较数据的差异。

改进措施:课程的评估结果不只是关于学生的反馈,更是一次反思和展望的机会。我们可以通过评估数据更好地了解学生当前生涯探索能力的缺陷,更好地了解他们的需求,也能更好地总结学校在生涯教育方面的优势和不足。这些结果将有助于校方更好地改进、优化校内生涯课程,更好地为学生提供全面的教育服务。

综上所述,娄江实验中学建立的校内生涯课程评估体系包括实施方案、评估方法、评估数据处理与分析以及改进措施。通过这一完善的体系,可以全面、科学、客观地评估校内生涯课程对学生成长和发展起到的积极作用。同时,学校需要指定具有专业性和规范性的专门人员负责校内生涯课程的评估,以确保评估效果的科学性与全面性。

第三章　校内生涯课程体系打造

第一节　课程设计背景

教育是国之大计、党之大计。教育兴则国家兴,教育强则国家强。党和国家始终把发展教育、培养人才放在党的事业的重要战略地位。习近平总书记在党的二十大报告中强调:"我们要坚持教育优先发展、科技自立自强、人才引领驱动,加快建设教育强国、科技强国、人才强国,坚持为党育人、为国育才,全面提高人才自主培养质量,着力造就拔尖创新人才,聚天下英才而用之。"

教育是提高人民综合素质、促进人的全面发展的重要途径,是民族振兴、社会进步的重要基石,是对中华民族伟大复兴具有决定性意义的事业,而"培养什么人、怎样培养人、为谁培养人"则一直是教育的根本问题。党和国家围绕这一问题做出许多重要论述,并逐步明确了"落实立德树人根本任务"的要求。

2012年,党的十八大报告首次将"立德树人"确立为教育的根本任务。2017年,党的十九大报告进一步提出"落实立德树人根本任务",深化其重要战略地位。2018年,在全国教育大会上,"四育"被提升为"五育",着力构建德智体美劳全面发展的人才培养体系。2019年,党的十九届四中全会提出,"完善立德树人机制体制,深化教育领域综合改革",明确教育的基础性、先导性和全局性的重要战略意义,大力促进教育公平,推进教育改革,不仅关注"才",更将目光聚焦到"人"身上。2022年,党的二十大报告再次强调,要全面贯彻党的教育方针,落实立德树人根本任务,培养德智体美劳全面发展的社会主义建设者和接班人。2023年,第十四届全国人民代表大会第一次会议提出,从现在起到本世纪中叶,全面建成社会主义现代化强国、全面推进中华民族伟大复兴是全党和全国人民的中心任务,这意味着国家对高质量教育、高素质人才提出了的更高要求。

因此,在义务教育阶段,如何将立德树人的总体要求落到实处、培育面向未来的全面发展的社会主义建设者和接班人,这是在教育课程设计过程中需要深入思考的核心问题。

《义务教育课程方案和课程标准(2022年版)》为教育课程设计明确了方向:义务教育阶段的课程要坚持德育为先,落实立德树人的根本任务。课程要依据学生终身发展和社会发展需要,明确育人主线,加强正确价值观引导,重视必备品格和关键能力培育。

面向新时代新征程新的教育需求,要实现更高质量、更有效率、更加公平、更具可持续性的教育,生涯教育是落实立德树人根本任务、满足未来发展对人才需求的重要途径。

什么是生涯教育?中国关心下一代工作委员会教育中心认为生涯教育的内涵主要包括以下几个方面:

第一,生涯教育是贯彻"为学生的终身幸福奠基"的教育理念、实施素质教育的重要组成部分。

第二,生涯教育遵循"发现自我、唤醒潜能、增强适应、助力成长"的原则,培养学生积极的心理品质,提高自我认识及反思能力、信息分析及生涯决策能力、劳动技能及实践创新能力、应对生涯不确定性的变迁和适应能力、终身学习和生涯管理能力。

第三,生涯教育关注学生发展需求和环境变化,强调提升学生的生涯适应力和管理能力,促进学生全面而个性的发展。

总之,生涯教育是落实立德树人根本任务、提升学生综合素质的重要途径。聚焦学生的核心素养、以立德树人为根本的生涯教育,为国家培养面向未来、符合国家和社会发展、有竞争力的人才。

《国家中长期教育改革和发展规划纲要(2010—2020年)》也提出,人才培养要适应国家和社会发展需要,形成各类人才辈出、拔尖创新人才不断涌现的局面。同时还提出,要树立多样化人才观念,尊重个人选择,鼓励个性发展,不拘一格培养人才。

就目前看来,我国基础教育阶段的生涯教育严重缺乏。《中国教育报》在2022年发起了一项针对教师和家长群体的线上调查,近1 500人参与。问卷反馈的结果显示,一些大学生对所学专业缺乏兴趣,恰恰是因为填报高考志愿时受制于认知及分数,盲目选择了与自身意愿和能力不匹配的高校和专业。

因生涯教育不到位导致的人才错位、人才流失,无论对学生、对高校还是对社会都是一种资源浪费。当前,毕业生就业形势严峻,关键问题之一就是在学习过程中缺乏规划,直到毕业后才开始思考人生方向,导致自己在就业市场上准备不足。在中学阶段就开展生涯教育,对缓解大学生就业难的问题也能发挥一定的作用。

生涯教育能满足社会发展对人才的需求,满足学生全面、个性与终身发展的需要。生涯教育不单单是为高中或者大学毕业生提供升学和就业指导,更是根据人的身心发展的不同阶段,实现不同的生涯发展任务。

中学生涯教育的核心目标之一是激发学生的自主性,引导学生自觉把个人的兴趣、能力与国家的人才需要相结合,建立个人生涯发展的专业和职业载体,形成持续发展、终身学习的内在动力。

所以,生涯教育的重点是帮助学生认识自己、找到自己,学生可以做自己而不是做"别人",生涯教育要开拓学生无限的可能性,而不是限制他们的发展自由。生涯教育提供多元、积极的发展经验,培养学生选择的能力,而不是帮学生做选择。生涯教育推动学生实现个人价值,同时也满足了社会发展对人才的需求。

最终,生涯教育让自我价值的实现与中华民族的伟大复兴进程相融合,这对个人和国家的发展都具有重大意义。

为积极贯彻《国家中长期教育改革和发展规划纲要(2010—2020年)》,昆山市娄江实验中学秉持立德树人的教育理念,并于2022年全面启动了"'三生'筑基,'三全'育德:擦亮成长底色——九年一贯制生涯规划教育培养德善少年"项目,积极探索、打造并实施适合初中生的校内生涯课程体系,竭力为学生的全面发展和终身幸福奠基。

该课程全面贯彻党的教育方针,遵循教育规律和学生身心发展规律,全面发展素质教育,推进落实立德树人这一根本任务。校内生涯课程聚焦初中生核心素养的发展,培养学生适应未来发展的正确价值观、必备的品格和关键能力,引导学生明确人生发展方向,并成长为德智体美劳全面发展的社会主义建设者和接班人。

第二节 课程目标

《义务教育课程方案和课程标准(2022年版)》(以下简称"2022年版课标"),将发展学生核心素养确定为课程改革的新方向与总目标,标志着义务教育核心素养时代正式到来。

什么是核心素养?这一概念源于西方,英文词是"Key competencies"。随着世界的发展变化,它受到国内外越来越多的关注。1996年,联合国教科文组织组织部21世纪委员会在其发布的《学习:内在的财富》中提出"教育的四大支柱",分别是学会求知、学会共处、学习做事和学会做人,虽然该报告中没有直接提出核心素养,但是指明了人才培养的主要方向。2002年,欧盟的一个研究小组发布研究报告《知识经济时代的核心素养》,首次提出"核心素养"一词。同年,美国21世纪核心素养联盟成立,并于2007年提出了美国21世纪核心素养框架。2016年,"中国学生发展核心素养"项目组认为,学生发展核心素养,主要是指学生应具备的,能够适应终身发展和社会发展需要的必备品格和关键能力。

2022年版课标对这一概念的表述为:核心素养是学生通过课程学习逐步形成的正确价值观、必备品格和关键能力,是课程育人价值的集中体现。展开来说,所谓核心素养就是在真实的学习情境中获得对学科或跨学科概念的理解以及习得成长性经验，形成正确的价值观念，并能够运用概念理解新的情境、解决新问题、完成新任务的品质和能力。

为了发展学生的核心素养，培养具备理想、本领和担当精神的社会主义建设者和接班人，娄江实验中学于2022年启动了"'三生'筑基，'三全'育德：擦亮成长底色——九年一贯制生涯规划教育培养德善少年"项目。本项目将以学生的生涯品格和生涯探索能力为核心培养目标，以生涯教育引领学生的终身发展，为学生的未来成长奠定坚实基础。

校内生涯课程的第一个目标：培养学生的生涯品格

生涯品格教育既是国家发展的需要，也是学生个人成长的需要。从国家层面讲，立德树人是党和国家发展教育的根本任务。从个人成长来讲，品格决定了一个人如何认识自己，如何面对人生的处境，如何做选择，最终也形成了人与人之间的根本差异。

根据国家新课标的要求，综合娄江实验中学的文化传承以及学校教育的实际需要，学校确立了德善少年"志、勤、责、勇、信、创"六种核心生涯品格的培育目标。

"志"，立志力行。经过层层筛选，寻获适合自己的目标，树立生涯梦想。

"勤"，勤劳自立。能够持续精进地完成自己制订的各项目标与计划。

"责"，责任认同。在团队协作的过程中，扮演好各自的身份,承担相应的职责。

"勇",勇于探究。面对巨大的困难和障碍,不因挫败而放弃,勇于尝试和挑战。

"信",自信善学。能够在生涯探索的过程中找到学习的方向,将梦想与学科方向相结合。

"创",创新求证。能够发觉隐藏在身边的不为人知的真实需求,或创造性地提出某些问题的解决方案。

通过生涯品格的培育来推进立德树人根本任务,这是昆山市娄江实验中学生涯课程的首要目标,正如习近平总书记所说,"人无德不立,育人的根本在于立德。这是人才培养的辩证法。办学就要尊重这个规律,否则就办不好学""要把立德树人的成效作为检验学校一切工作的根本标准"。

校内生涯课程的第二个目标:培养学生的生涯探索能力

从学生的生理发展特点来看,初中阶段教育是生涯教育的关键时期。初中的学生独立意识增强,他们不再像小学生那样依赖教师和家长的指令来行动,他们开始产生独立人格倾向,并想要摆脱成人的束缚。更强的自我意识也让他们开始关注"我是谁""我想要做什么""我应该怎么做"等人生问题,他们开始思考"我该如何有意义地度过一生"这个重大问题。因此加强初中生的生涯探索能力,不仅迫在眉睫,更有着重要的现实意义。

在成长过程中,能正确认识自我和认识社会需求的孩子,在学习上就会有内驱力。不知道自己为何而学的孩子,或者无法坦然面对自我认知和外部评价之间落差的孩子,就会呈现出"空心病"的一些症状,无论家长和老师如何劝说,都无法摆脱"躺平""摆烂"的现状。

拥有生涯探索能力的学生,可以通过对生活中主客观因素的分析,探索自己可能的发展方向,并确定发展目标,通过制订合理的计划以及持续的行动,在社会上逐步找到自己的使命和价值。

生涯教育满足学生多元化的生涯发展需求,关注独立个体的发展特点,生涯探索帮助他们认识自我、认识社会需求。在一次次的学习和探索中,他们开始认识自己,了解自己的兴趣、特长、性格、智力,认识所处的家庭环境和社会环境,认识自己在这个世界的角色等。生涯教育也帮助他们在日常生活和学习过程中整合信息并进行评估、分析,最终推动他们找到自己的兴趣爱好和特长天赋。

生涯教育帮助学生将学习的外部动力转变为内部动机。不只是为了考试而学习,而是真正找到自己的兴趣爱好;不只有短期的阶段性目标,更能有长远的人生目标。生涯教育帮助学生从被动听从老师和家长的安排中跳出来,成为能自主选择学习的人,而这种学习和探索能力是可以持续一生的终身成长能力。

正是带着这样的期盼,学校在近几年的生涯教育的探索阶段,基于初中生的身心发展特点及成长需求,开展了情绪管理、自我认知及人际沟通等主题活动,如"七彩情绪,多彩生活""拥抱生命,绽放精彩"及"战疫抗逆,一路成长"等系列活动。为充分发挥学生学习成长的主动性,面对不同年龄阶段的学生,学校点面结合,利用阅读、音乐、电影和团体游戏等不同媒介和形式开展活动,让学生自主自发地参与各项活动。学校通过系列生活教育和生命教育活动,在真实情境中,让学生去体验并感受生命的意义,使其对生命的理解更丰富、更立体。在促进学生身心健康发展、建立健全人格的同时,也为他们奠定未来幸福生活的基础。

生涯教育不是让学生选择一条既定的人生路径,而是给予学生更专业的工具来构建自己生命的意义,引导学生持续思考和探索,并找到最适合自己的发展道路。初中阶段的学生不需要对自己的职业或者未来生活进行系统的规划,但是这个阶段的学生要掌握生涯探索的能力。

生涯探索能力指的是学生能够基于自我认知和社会认知,探索适合自己的生涯路径。首先,通过校内生涯课程,学生需要全面客观地认识自己的性格、兴趣、优势、价值观等,在客观认识自我的基础上,对社会关系、社会角色、社会评价体系有进一步的认知。在此基础之上,培养学生自我认识和反思的能力、信息分析和生涯决策能力、应对生涯不确定性的变迁和适应能力、终身学习和生涯管理能力,促进学生全面又个性的发展。在生涯探索中,激励学生不断提升自身综合素质,最终帮助学生更好地实现自我发展。

生涯探索能力可以赋能学生自主独立思考,成为自己生涯问题的关键解决者和决策者,帮助他们主动选择自己想要的生活。

学校通过校内生涯课程和生涯教育主题社会实践活动相结合的方式,帮助学生将知识运用到现实生活中,并在生活实际中更多认识自我、认识他人,更好地与社会进行良性的互动。由于年龄和阅历的限制,初中生自我认知视角相对比较窄,实地体验、现场参观、公益性服务等相关活动,可使其对社会生活有一个真实的认知和判断,从而让他们在确定人生理想时,可以获取更多真实可靠的参考信息。

同时,与职业教育相比,生涯教育有更广阔的社会视野和更加丰富的精神内涵。它不仅关注学生个人潜能的发展与提升,而且在更深层面上引导学生关注个人生命的意义、个人价值的实现。

生涯教育帮助学生避免盲目的行动,帮助学生培养面对不确定的未来时所需的能力。初中阶段是学生世界观、人生观、价值观形成的重要时期,也是初步确认人生发展方向的关键时期。对于初中生而言,生涯教育的目的不是让他们立刻做出全面系统的生涯规划,而是要慢慢培养他们的生涯探索能力。拥有生涯探索的能力,他们才有可能在未来的生活中时刻有面对和解决问题的关键能力,不至于始终陷入迷茫,失去人生的方向。

加强初中生的生涯教育,不仅有利于发展学生的核心素养,还能为社会培养优质的人才。生涯品格是舵,生涯探索能力是桨。生涯品格能保证学生有适应未来发展的正确价值观,生涯探索能力可以让学生找到自己生命的意义和使命,并有目标、有计划地实现自己的人生价值。

第三节 理 论 基 础

生涯是一个持续一生的过程,每个人的生活都是由一连串的生涯决策形成的。生涯也是人生价值或生命价值的体现，它具有连续性和独特性。这就意味着，对所有人来说，生涯问题是普遍存在的。

通常，大家面对的生涯问题，主要有以下几个特征。

第一，差异性。正在发生的事，和我们理想中希望发生的事之间有差异。第二，复杂性。生涯问题通常很复杂，并且包含许多的情感因素。第三，多种选择性。生涯问题的解决方案通常有多种，而不止一个正确选项。第四，不确定性。没有任何一种解决方案，可以保证人生成功。第五，相互关联性。针对一个主要生涯问题的决策，几乎总是会导致另一些始料未及的事发生。

因此，如何能正确分析问题进而做出有效的决策，对我们的人生至关重要。拥有生涯决策的智慧，解决生涯问题，有助于逐步找到自己的人生使命。

初中阶段是学生人生观、世界观和价值观形成的关键阶段，是培养学生生涯探索能力的重要时期，也是帮助学生初步了解未来职业发展方向和人生方向的重要时期。娄江实验中学的校内生涯课程就是基于认知信息加工理论（它的核心是人如何做决策），并结合初中生的生涯发展需求构建的。

认知信息加工理论由盖瑞·彼得森、詹姆斯·桑普森和罗伯特·里尔登等人于1991年提出。他们在研究人类的大脑是如何接受、编码、存储和利用信息和知识时，受计算机加工处理信息的启发，发表著作《生涯发展和服务：一种认知的方法》，首次阐述了认知信息加工理论（Cognitive Information Process，CIP）。

认知信息加工理论认为，生涯发展就是看一个人如何做出生涯决策，以及在生涯问题解决和生涯决策的过程中如何使用信息。

该理论主要关注的是人如何做决策，而影响人们决策的因素包含三个层面，分别是知识层面、决策层面、认知层面。人们要获取相应的信息，并对这些信息进行分析和加工，最后做出决策，这一过程就是有名的"信息加工金字塔模型"（图3.1）。

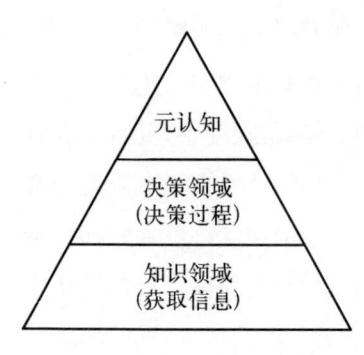

图3.1　信息加工金字塔模型

第一层是知识领域，就是获取的信息。知识层面包括自我知识和职业知识。自我知识主要包括了解自己的兴趣、性格、价值观等。职业知识包括了解学校专业及其组织方式，了解特定职业的工作要求、工作环境、发展趋势等。

第二层是决策领域，将信息按照一个既定的过程进行加工处理。CIP理论认为，知识领域相当于计算机的数据文件，需要进行存储。决策领域是计算机的程序软件，对所存储的信息进行加工处理。执行领域相当于计算机的工作控制功能，操纵电脑按指令执行程序。决策技能可以通过学习五阶段循环模型获得。这一循环过程包括沟通（Communicate）、分析（Analysis）、综合（Synthesis）、评估（Value）和执行（Execute），这五个步骤构成了决策的循环，这一过程又简称为CASVE循环（图3.2）。

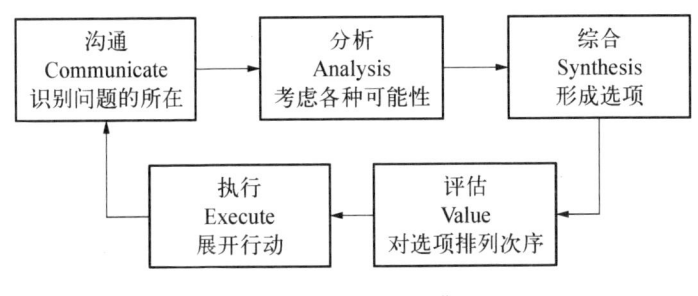

图 3.2　CASVE 循环模型

第一步，沟通。个人开始意识到问题的存在，为弄清问题所在的过程，确认自我需求。首先，要确认自己能够完全做主的几个选项；然后，需确认目前自己对于这些选择的想法和感受；最后，要确认这些选择是否是当下亟须解决的问题，以及确认解决的时限，从而开始恢复自我掌控感。

第二步，分析。对所有获取的信息进行分析，在进行选择时确认需要了解哪些信息才可以做出决策，找到并分析影响自我选择的因素。对于不同选项的信息分析，包括它们的特性和差异，即它们分别吸引和困扰你的是什么。了解自我、不同选项和目标之间的关联。

第三步，综合。通过发散思维，想到尽可能多的解决问题的选项，形成一个选择清单。然后，在清单中找出可能的解决方法（缩小选项），并寻求最实际的解决方法。

第四步，评估。对比分析各个选项之间的优劣，排出优先顺序，并做出优先选择。如果对最终结果仍不满意，应继续探索和讨论。

第五步，执行。就是制订计划、展开行动。将评估后做出的选择落实在行动上，在现实中进行低成本的检验尝试。如果行动无法消除现实和期待之间的差距，则可以再次从沟通开始，进行下一轮的决策循环。

第三层是执行加工领域，位于金字塔的顶层，也叫元认知，即对认知过程的认知（贯穿所有的信息加工过程），包含自我对话、自我觉察、自我监督。通过自我对话，确认自己对信息的认知是否清楚和正确；自我觉察，管理自己的情绪和行为；自我监督，时刻监督自己在 CASVE 的每一个环节都进行了元认知监测，确保自己遵循了元认知的规则要求。

我们可以用一个做饭的比喻来通俗地理解一下这个模型。将底层的知识领域看成烹饪中的食材和调味料，顶层的元认知是厨艺、烹饪习惯和一个人对烹饪的理解，中间的决策就是加工的过程，是一个人运用对烹饪的理解、厨艺把食材和调味料加工成一盘菜肴的过程。

总结起来，底层是获取信息，顶层是思维习惯和思维能力，中间是决策过程。

这个理论非常适用于搭建适合初中生的生涯探索能力模型，因为它看重的是一个人解决生涯问题的能力，而不是结果。

结合初中生的认知特点，课程研发小组对认知信息加工理论做了进一步完善，构建了符合初中生发展需求的生涯探索能力模型（图 3.3）。在这个金字塔中，生涯探索能力是一个人基于获取到的信息（自我认知和社会认知），运用个人能力和生涯品格，做出生涯决策的过程。生涯探索能力的最终体现是学生能够基于自我认知和社会认知，找到适合自己的生涯路径。

第一层是知识领域，包括自我认知和社会认知。自我认知包括了解自己的兴趣、性格、价值观等。社会认知包括了解不同的学科、专业、职业、行业，以及社会对人才能力的要求。

图 3.3　生涯探索能力模型

掌握充足的信息，是做好决策的前提。校内生涯课程可以通过不同的探索方式帮助学生更多地了解自我、了解职业知识。同时，在搜集信息的过程中，学生积极主动地为自己的决策获取更多有效信息，这一过程也是学生自我成长的一部分。

第二层是生涯决策。学生基于自我认知和社会认知，运用顶层的个人能力和生涯品格去做出决策。

第三层是个人能力和生涯品格。学生在进行生涯探索的过程中，需要掌握不同的工具和技能，比如信息检索的工具和方法、任务和时间管理的工具和方法、提升学习效率的方法等。生涯教育帮助学生充分运用各种工具和技能，培养位于金字塔顶层的思维习惯和思维能力，也就是面对未来发展所需的竞争力。学生主动探索的过程，也是在主动成长为适合国家发展需要的人才的过程。

在这个过程中还要注重生涯品格的培养，在生涯探索的过程中一定会碰到很多困难和挑战，这一克服困难的探索过程正是培养学生生涯品格的好时机。比如，能够持续精进地完成自己制订的各项目标与计划,培养生涯品格"勤";面对巨大困难和障碍时,不因挫败而放弃,勇于尝试和挑战,培养生涯品格"勇";学习去发现隐藏在身边的不为人知的真实需求,创造性地提出某些问题的解决方案,培养生涯品格"创"……

学校认为,生涯教育是一个持续的学习过程,它帮助中学生知己知彼。知己就是向内认识和了解自己,具备"自我认知";知彼就是向外认识和了解职业世界,具备"社会认知"。即通过校内生涯课程,培养学生的生涯探索能力,结合自我认知和社会认知,探索适合自己的生涯路径。

最终,在不断的探索过程中,学生们自己能找到做这件事情背后的意义,获得使命感,并走出属于自己的路,这也是学校对校内生涯课程的期待。

第四节 课程框架

中国学生发展核心素养以培养"全面发展的人"为核心,分为文化基础、自主发展、社会参与三个方面,综合表现为人文底蕴、科学精神、学会学习、健康生活、责任担当、实践创新六大素养。校内生涯课程基于生涯探索模型,针对初中阶段的学生身心成长特点,根据核心素养培养目标,结合学生的兴趣、特长等,有目的、有计划、有步骤地对学生进行教育。

学生成长的阶段不同,生涯教育的重点也不同。初中阶段是学生世界观、人生观和价值观形成的关键时期,也是学生选择未来人生发展方向的关键时期。通过开展生涯教育,让学生们对自己的兴趣和长处有清晰的认识,知道自己是"谁"、要成为"谁",知道自己在哪里,以及未来要去哪里。学生在了解自己、社会、职业的过程中,可以把自己在校的学习和未来的生涯发展联系起来,激发学生的自我学习潜能,并自觉进行自我管理,也就更容易找到自己的路。

因此,校内生涯课程内容由四大板块构成:自我认知、社会认知、个人成长和生涯探索。这四个板块相辅相成,缺一不可。自我认知是生涯教育的基础,学生对自我的认知离不开社会环境。清晰的社会认知可以帮助他们建立自我认知,促进自我同一性,从而能根据社会和自身发展的需要调控自己的心理与行为,最终促进个人的成长。生涯探索能力决定了个人成长的广度和深度,学生获得成长后也会加强自我认知和社会认知的能力,反过来推动生涯探索的展开。

每个板块的教学重点都考虑了初中生的发展特点和年龄特征,而且所有内容都致力于学生生涯探索能力的培养。

第一板块:自我认知

主要目标:通过了解自我概念及其对个体的影响,帮助学生认识自己的兴趣、能力优势、价值观,建立清晰的自我认知,促进自我同一性,奠定生涯发展的基础。

自我认知即自我概念,指对自己及自己与他人、自己与外部世界关系的观念性认识。

自我概念始于两千多年前的古希腊,那时人类就开始探索世界的起源、肉体与心灵之间的关系,著名的德尔斐神庙石柱上就刻着一句箴言:认识你自己。直至 1980 年,威廉·詹姆斯(Williams James)在《心理学原理》首次提出"自我"这一概念,他认为"自我"由"主体我"和"客体我"两部分组成。詹姆斯认为,自我意识包括三部分:生理(物质)自我,表现为对身体健康、外貌美的追求,物质欲望的满足,对自己所有物的维护等;社会自我,表现为追求名誉地位、与人竞争、争取得到他人的好感等;心理自我,表现为追求智慧、能力的发展和追求理想、信仰。所以,自我认知不仅包括自己对自己的主观认识和评价,还包括外部世界对自己的评价。

自我概念的建立对学生的影响主要有三个方面:第一,个体内在的一致性。个体行为的稳定性和一致性的关键是个体怎样认识自己。通过维持内在的一致性,自我概念实际引导着个体的行为。第二,对经验的解释。某种经验对个体的意义是由其自我概念决定的。不同的个体对相同的经验有不同的解释,这可能正是因为他们的自我概念不同。第三,对事物或自我的期待。在不同的情境中,个体对事物的期待、对自己行为的解释与自我期待均主要取决于个体的自我概念。

了解自我概念对个体的影响,可以帮助中学生发掘很多行为习惯及心理问题的源头。初中阶段是个体从儿童期向青年期的过渡,同时这一阶段也是个体青春发育早期,他们在生理、认知、社会性发展等方面都将发生巨大的变化。但是,这一阶段他们心理的成长速度与生理的成熟速度是不平衡的,导致这一阶段的个体可能会出现一系列的心理问题。处于青少年阶段的个体的自我意识矛盾主要表现在主观我和客观我的矛盾、理想我和现实我的矛盾,自我意识矛盾可能会导致个体自我膨胀或过度自卑。校内生涯课程中的"自我认知"板块结合学生这一成长特点,帮助学生建立清晰的自我认知,促进自我同一性的达成。

校内生涯课程符合初中生认知能力,通过游戏、主题活动、概念科普等方式帮助学生对自我进行探索。这些课程根据学生的身心和生涯能力发展特点展开,旨在通过加强学生的认知教育,为学生在各阶段学习和发展方向的科学选择提供参考依据。

在自我认知方面,课程引导学生客观了解并分析自我的兴趣、性格、潜能和优势等,帮助学生根据自己的学习特点与兴趣特长思考未来的发展方向,帮助解决"我是谁""去哪里""怎么去"等重要问题,让学生对未来的自己进行合理想象,并尝试对这一想象中的自己进行人生发展道路设计与规划,为将来的职业生涯发展打下基础。

在"能力探索"这一课中,"能力"被定义为一个人"硬实力"和"软实力"的组合。虽然这不是一个标准定义,但是将抽象的概念具体化,可以帮助学生对自己的能力做出更加客观的分析。在上这门课之前,学生们对自己的能力强弱只能做出一个主观的判断。但是在上完这门课之后,学生可以通过"硬实力"和"软实力"的定义来对自己的能力进行综合的、更加客观的分析。

自我认知是生涯教育的第一课。学生充分了解自己,认真审视自己的个性及特点,对自己有一个较为全面、客观的认识,面临决策时才更具优势。生涯探索能力课程让孩子懂得在学业、生活中合理参考自我认识的分析结果,做出正确决策。

第二板块：社会认知

主要目标：提升学生对社会关系、社会角色及社会评价体系的认知能力，帮助他们建立自己的社会支持系统，正确认识社会、明辨是非，建立正确的人生观、价值观和世界观。

初中阶段的学生处于接受社会认知能力培养的黄金时期。社会认知能力是学生正确认识社会、明辨是非的基本能力。在经历幼儿教育与小学教育之后，其拥有了较为基础的社会认知能力，与此同时身心成长也发生了显著变化。但是由于年纪尚轻、社会阅历不足和自身知识体系建构不健全等，中学生在社会认知方面容易受其他事物与环境的影响，从而做出错误的判断。在这个阶段，对学生进行社会认知能力的培养能更好地帮助其认识世界，促使学生形成正确的人生观、价值观和世界观。因此，课程围绕对社会关系、社会角色、社会评价体系的认知三部分进行内容设计。

对社会关系的认知：认识自己的支持系统，意识到自己不是孤独的，在需要帮助的时候可以寻求老师、同伴、父母的帮助。

我们所讲的支持系统是一个人成长过程中的社会支持系统，也就是每个人在自己的社会关系网络中所能获得的，来自他人物质、精神上的帮助和支援。在人类发展史上，身处社会群体里的人通过彼此的协助和支持，不断地延续着生命。对于独立的个体来说，一个人的社会支持系统越强大，解决问题的资源就越多，途径就更广。反之，社会支持系统薄弱，遇到任何困难都举步维艰。归纳起来，社会支持系统可以给人带来归属感和对生活的掌控感。

一个有力的社会支持系统可以为学生提供重要支持。一是在关键决策方面提供支持。特别是对升学、志愿填报、择业、职业方向等方面的决策影响深远。中学生对自己及外部环境的认识都还不太充分，外部的支持就尤为重要。二是在减压和精力管理方面提供支持。对初中生来说，当他们面对自己无法承受的压力和问题时，如果有自己信任的支持系统，他们就能随时找到求助的对象，能对自己的身心进行及时调控。反之，如果学生缺乏社会支持系统的关怀，没有依靠的群体，面对困难和挫折时就会产生疏离感、孤独感、无助感，对周围环境无所适从，可能出现许多心理问题。

该课程为学生认识和建立自己的支持系统提供帮助，也间接为学生、学校和家长间构建了沟通桥梁。

对社会角色的认知：了解每个人承担的角色和责任，深度了解不同的职业及每个职业的工作内容、职责、对人才的要求等。

社会角色是指个体在社会或某个群体中被赋予的身份及该身份应发挥的功能。简而言之，社会角色是个体与其社会地位、身份一致的行为方式及相应的心理状态。

一方面，每个角色都代表着一系列有关行为的社会标准，这些标准决定了个体在社会中应有的责任与行为。例如教师，在学生面前应该为人师表，处处以老师的规范约束自己。另一方面，每个人在社会生活中都在扮演自己应该扮演的角色，这里不仅意味着占有特定社会位置的人所完成的行为，也意味着社会、他人对占有这个位置的人所持有的期望。例如，他人对学生的特定期望就是好好学习。

认清自己的社会角色，这是学生理解社会关系，乃至融入社会、独立生活的前提和基石。校内生涯课程帮助学生深入了解不同的职业，了解自己心仪的职业背后需要的技能和综合素质。这样，他们从中学时代就可以开始思考自己的兴趣爱好和未来的方向，并可以加强相关职业技能的学习和实践活动，为他们以后实现职业理想打下初步的基础。

对社会评价体系的认知：了解社会的评价方式、社会价值的概念、如何获得收入等。

社会评价体系的形成是社会各个阶层（特别是顶层意识）和社会个体相互作用的结果。社会性整体评价会随着社会当时所处的不同时代背景有所不同，但它包含了整个社会的价值观、金钱观、权力观等。社会的评价体系，帮助人们更好地认识到自己在社会中所处的位置。对中学生来说，这部分课程帮助他们认识和理解这个社会的复杂性，并在此基础上，帮助他们建立清晰的自我认知，促进自我同一性，从而能根据社会需要和自身发展的需要调控自己的心理与行为。

第三板块：个人成长

主要目标：培养学生"志、勤、责、勇、信、创"六大核心生涯品格，以中国学生发展核心素养为基准，提高学生品格素养，使他们可以成为适应终身发展和社会发展需要的高素质人才。

关于品格，国内外学者对其有不同的界定。第一种是从个体的认知、情感和行为表现中选择一组积极人格特质，以此作为解释品格心理构成的过程或机制,主要是指能使自身和他人受益的积极人格特质。第二种是把品格界定为一种道德特质,即品格是道德认知、道德情感、道德动机、道德行为等多种道德心理成分在个体身上的稳定表现。第三种是把品格界定为既是个体自身的自我完善和自我实现,也是面向社会、社群或共同体的社会价值。

综合来说,品格可以定义为"个体应具备的适应终身发展和社会发展需要的道德品质和人格特质的综合体"。某些知识和技能可能无法应用于未来的工作,但品格素养总能适用于各种各样的职业。作为面向未来的世界公民,生涯品格是必备竞争力。培养生涯品格,是国家发展的需要,也是个人成长的需要。

为此,昆山市娄江实验中学以社会主义核心价值观和人类共同崇尚和追求的价值为基础,梳理了生涯品格课程要提升的六大核心生涯品格:立志力行、勤劳自立、责任认同、勇于探究、自信善学、创新求证,简称"志、勤、责、勇、信、创"。

初中生具有强烈的求知欲和探索精神,他们兴趣广泛、思想活跃、富有创造性,为激发他们的学习兴趣,营造良好的学习氛围,生涯品格课程以形式多样的活动展开,通过学习、阅读、思辨和生活实践,在活动中提高学生分析问题和解决问题的能力,引导学生生涯品格的发展。

学校通过生涯品格的课堂,激励学生勇敢去追寻梦想,追寻自己的人生道路。在"人物生涯故事"课堂上,带领学生学习多位国家功勋的丰功伟绩,以榜样引领的方式激发学生学习的心志,并引导学生将学习到的生涯品格落实到行动上。例如,杂交水稻之父袁隆平在学生时代便立下志向,一生为"禾下乘凉梦"

"杂交水稻覆盖全球梦"而努力。他一生致力于杂交水稻技术的研究,脚踏实地、精益求精,用"一粒种子"改变了世界……他的生命完美诠释了"志、勤、责、勇、信、创"六大核心品格,是学生的品格榜样,更是学生的生涯榜样。

个人成长板块里的另一重点是发展学生的核心素养,它是生涯课程的灵魂,为学生的终身发展奠定基础。核心素养是指个体在面对复杂的、不确定的生活情境时,能够综合运用特定学习方式所孕育出来的(跨)学科观念、思维模式和探究技能,结构化的(跨)学科知识和技能,世界观、人生观和价值观在内的动力系统,分析情境、提出问题、解决问题、交流结果过程中表现出来的综合性品质。

中国学生发展核心素养以培养"全面发展的人"为核心,分为文化基础、自主发展、社会参与三个方面,综合表现为人文底蕴、科学精神、学会学习、健康生活、责任担当、实践创新六大素养,具体细化为国家认同等十八个基本要点(图 3.4)。

中国学生发展核心素养						
文化基础		自主发展		社会参与	
人文底蕴	科学精神	学会学习	健康生活	责任担当	实践创新
人文积淀 人文情怀 审美情趣	理性思维 批判质疑 勇于探究	乐学善学 勤于反思 信息意识	珍爱生命 健全人格 自我管理	社会责任 国家认同 国际理解	劳动意识 问题解决 技术运用

图 3.4 中国学生发展核心素养

根据这十八个要点的描述，娄江实验中学的生涯课程针对学生年龄特点进一步提出具体表现要求。初中阶段学生已经拥有一定的思维、探索和创造能力，学校尊重学生成长规律，充分发挥学生主观能动性，教给学生实现不同素养的一些实用工具、方法，培养学生主动学习的能力。对初一学生，校内生涯课程要求了解生涯教育中的一些概念，以及在课堂活动和游戏中认识到生涯探索能力的重要性。对于初二学生，校内生涯课程则提出更多开放性问题，鼓励他们在课堂之外采取更多行动，深度思考自己的生涯路径。到了初三，校内生涯课程要求学生们基于对自己的深度了解和已经采取的生涯行动，发现适合自己的未来路径，并朝着目标勇敢迈进。

最终，学生个人的成长推动其进行生涯探索，并帮助学生做出正确的生涯决策，找到自己的生涯路径。

第四板块：生涯探索

主要目标：通过生涯课程，激发学生进行生涯思考；学生结合自我认知和社会认知，依靠个人能力和生涯品格，掌握生涯决策的方法。

在生涯探索模型中，我们提到，生涯探索能力是一个人基于获取的信息（自我认知和社会认知），运用个人能力和生涯品格，做出生涯决策的过程。

娄江实验中学的校内生涯课程专注初中生生涯探索能力的培养。传统观念中的"生涯教育"更多关注即将走向社会求职的大学生群体的"确定性因素"，而忽视了初中生成长发展的"可能性因素"。初中阶段是学生价值观、人生观和世界观形成的关键时期,是形成生涯意识的启蒙和发展阶段。学生如果只关注学习,对自己的未来发展方向没有任何想法,就会出现"学习无动力,升学无期望,发展无方向"现象,更缺乏面对未来所需的竞争力。

激发学生的生涯思考是开启生涯教育的关键一步。初中的校内生涯课程要激发学生的生涯思考,首先需要引导他们意识到拥有梦想的重要性。在"梦想画布"这一课里,通过游戏的形式,让学生身临其境,切身体会到:当自己对梦想和目标不清晰时,会有无数的人来为你指导人生,把他们的梦想、目标和期待放在你身上。而当你确立自己的梦想、目标的时候,全世界都会来为你添砖加瓦。这一体验唤醒学生的生涯意识,让学生主动思考自己的人生梦想,让他们的成长有目标、有方向。

"生涯探索"部分的课程要教会学生如何结合自我认知和社会认知,做出生涯决策。在"生涯探索"这一单元中,通过杨振宁选择研究方向的例子,向学生展示了生涯探索能力的运用示例。杨振宁在博士研究生期间,本来是选择了实验物理方向,但是后来发现自己实在不擅长实验物理,而且在仪器出现问题的时候,其他同学都可以很快地发现问题所在,自己却需要几个小时才能发现毛病。基于对自我的了解(自我认知)和自己在这个领域的竞争力(社会认知),杨振宁最后放弃了已经投入两年时光的实验物理,转向了理论物理方向。也正是因为他基于自我认知和社会认知做出的这个理性决策,才有了他后来的成就。示例让学生明白:生涯决策的前提是"深度探索",没有认真、丰富的

"自我探索",不了解自己的兴趣、性格、能力和价值观,不了解不同专业的课程设置、能力要求等,就没有办法进行科学理性的决策。

另外,需要注意的是,生涯决策并不是"一次定终身"的。任何生涯决策都是一个阶段内的人生方向和目标的选择,但随着个人能力提升、机会增多、社会变迁等多种因素的变化,不同的个体还需综合考虑现实情况,才能做出下一次的生涯决策。

初中阶段的生涯教育重点是帮助学生发现其天赋优势,找到自己、做自己。在生涯探索中,学校要培养学生选择的能力,并帮助学生为自己生命的决策负起责任。学校通过丰富的体验、实践活动,激发学生的生涯思考,帮助他们掌握生涯决策的方法,成为适应社会发展需要的终身成长者。

第五节 课程评价

课程评价是以一定的方法、途径对课程的目标、实施和结果等有关问题的价值和特点做出判断的过程。它在整个课程系统中占有十分重要的地位,因为它既是课程设计与实施的终点,又是课程设计与实施继续向前发展的起点。

作为教学过程的重要环节,课程评价能够为教师提供实时的教学情况反馈,这对促进学校教学改进、实现学生全面发展和教师专业成长都具有重要的价值和意义。

关于课程评价,新课标强调,要坚持以"评"促"学"、以"评"

促"教",发挥评价的育人导向作用。教、学、评三者之间是相对独立而又相互依存、包含、促进的关系。其中,"评"与"教""学"具有同等地位。从内容上讲,"评"分为两个方面:一方面是"评教",考量的是教师深层次的教学反思;另一方面是"评学",立足于学生外显的学科知识与内化的学科能力。

按照新课标的要求,在传授知识与技能的基础上引起学生学习兴趣,激发学生全身心地投入有思想、有感情、有创造力的学习活动,是"评教""评学"的核心目标。

在中学课程评价的实践中,我们总结出适合生涯课程的两种评价方式,即通过过程性评价和总结性评价,对学生的生涯探索能力和生涯品格进行评估。

过程性评价是一个对学习过程的价值建构的过程,是在学习过程中完成的,不能通过一次评价完成,而是一个在学习过程中发生、学习者参与、渐近的价值建构过程。过程性评价有两个重要特征。一是它非常关注学习过程。过程性评价中的学生自评、互评的方法,可以使学生逐步把握正确的学习方式,树立正确的学习动机,掌握适合自己的学习策略。二是它重视非预期结果。学生的学习过程是丰富多样的,不同的学生会有不同的学习经历,从而产生不同的学习结果。过程性评价将评价的视野投向学生的整个学习经验领域,并认为凡是有价值的学习结果都应当得到评价的肯定。

总结性评价,也称为终结性评价,它是在教学活动告一段落后,为了检测教学活动的最终效果而进行的评价,即学生学习成就与学习目标一致程度的评价。评价的重点是学习结果。

我们将过程性评价与总结性评价整合,形成一个多元互补的评价体系。总结性评价的结果可以为过程性评价提供基础或依据,教师在客观的总结性评价的基础上,通过过程性评价更深入地了解学生,发现总结性评价无法测评到的更加深刻的一面,这也就延伸了总结性评价的范围和作用。另外,从学生获得的成果角度来说,过程性评价评的是一个较小的时间阶段的学习效果与教育教学目标的一致程度,总结性评价评的是某个完整的学习阶段的学习效果与教育教学目标的一致程度。过程性评价为总结性评价提供诊断性信息,总结性评价又为后面的过程性评价提供服务,如此交替循环,促进课程目标的最终达成。

生涯探索能力的过程性评价

在使用过程性评价来评估学生的生涯探索能力时,课程研发小组在评价设计中融入了 KWL 学习策略。KWL 表格中包含三部分内容,分别指代的是 Know(知道)、Want to know(想知道)、Learned(学到了)。该学习策略是教育学家唐娜·奥格尔在 1986 年提出的,唐娜·奥格尔认为这个策略有助于帮助学生阅读,还可以辅助教师与学生进行互动教学。

在每个课程单元,教师通过 KWL 表格(图 3.5),引导学生在现有的经验基础上去学习新的内容。KWL 表格是基于建构主义教学方法设计的。建构主义学习理论认为:学习是引导学生从原有经验出发,生长(建构)起新的经验的过程。所以,KWL 策略是一个帮助学生进行学习经验组织的工具,也是展开知识探究的一种思维模式。

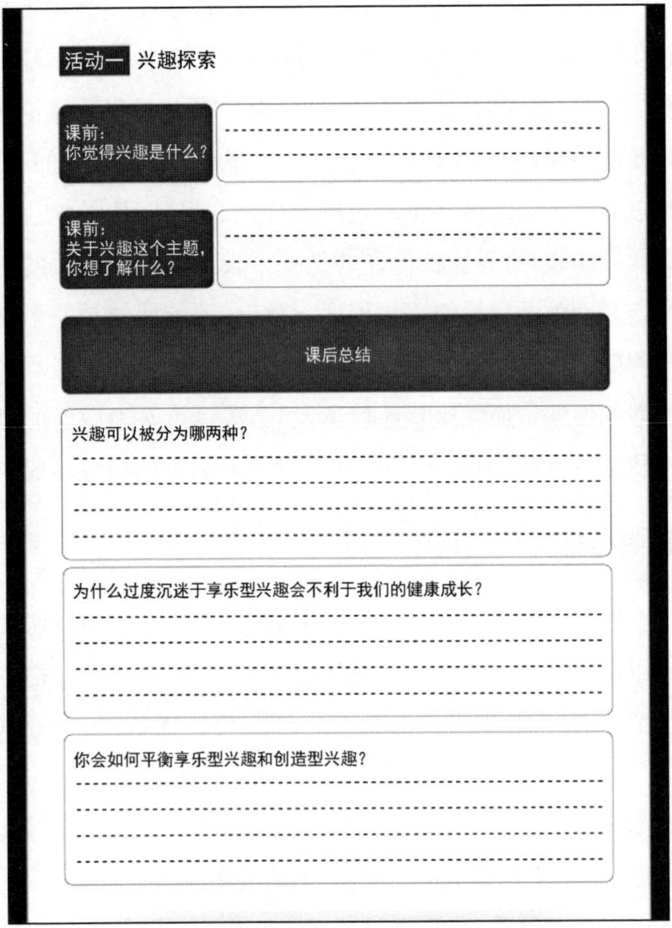

图 3.5　学生手册中的 KWL 表格

建构主义提倡在教师指导下以学习者为中心的学习,也就是说,既强调学习者的认知主体作用,又不忽视教师的主导作用。在整个学习过程中,教师与学生、学生与学生之间需要共同针对某些问题进行探索,并在探索过程中以开放包容的心态相互交流，并允许质疑。教师不再是知识的权威，学生才是整个学习活动的主体。

KWL 表格"知道"部分，引导学生回顾自己已经知道的知识，将要学习的知识与已知信息进行关联。也就是，关于当前学习的这个主题，教师需要引导学生回顾他们已经知道的事情。认知教育心理学家奥苏贝尔曾说："影响学生学习的唯一最重要的因素是学习者已经知道了什么。要先探明这一点，然后再进行相应的教学。"学习的发生是以现在所学与过往经验、已有概念相碰撞为前提的。从已有的知识和经验入手，一方面，可以降低思考难度和"门槛"，让每个学生都能真正参与课堂学习；另一方面，学生对主题的了解程度，也可以检验教学设计的科学性和有效性。

在"想知道"部分，让学生学会提出自己的问题，帮助学生确立学习目标。在这一学习过程中，教师要鼓励学生提出更多与主题相关的、他们想要了解的问题，学生需要与同学、老师进行交流讨论，尝试找到答案并解决问题。学会提出问题，是 21 世纪最重要的学习能力之一。会提问，才知道自己想要学到什么，才知道自己的学习目标是什么。带着问题去学习，其实就是激发学生的内驱力，增强他们的学习动力，从"我学习"变为"我要学习"。

"学到了"部分主要包含两点内容，一是所学到的知识有哪些，二是所学到的知识有什么用或如何用。这是一个总结和反思的过程，可以看看刚刚提出的问题，是否都得到了解决，也可以回顾一下 Know 的部分，看看刚开始填的已知信息中，是否有需要纠正的错误。这一部分需要发挥学生的主体作用,教师需引导其自主归纳、总结所学知识,并进一步整理、加工和运用,最终形成能力和素养。

比如在"兴趣探索"这一课,学生在上课前,需要填写他们对"兴趣"这一个概念的理解,以及自己想要在课上探索的问题。在学习完这个单元之后,学生们对兴趣有了更深层次的思考,明白了创造型兴趣和享乐型兴趣的区别,并意识到创造型兴趣对个人成长更有帮助。在课后总结部分,学生们会对"兴趣"这个概念以及"兴趣"在个人成长和发展中的作用进行思考和总结。KWL表格的设计目的是赋能学生成为自己生涯探索过程中的主导者,激发他们了解自己、了解社会的热情。

除了KWL表格以外,校内生涯课程还需要持续地引导学生基于自我认知和社会认知来思考自己的生涯梦想。比如,在学生手册中,我们为学生提供了"生涯图景"的模板(图3.6)。根据学生填写的内容,老师可以对学生的生涯探索能力进行评估。老师可以根据这个图景跟学生进行沟通、咨询,了解学生的决策过程。如果学生能够基于自我认知和社会认知,对自己的生涯梦想做出决策,那么,可以说明,该学生的生涯探索能力得到了提升。

除了生涯探索能力的过程性评价以外,还有总结性评价。总结性评价考察的是学生在上了一学年的生涯核心课程之后,生涯探索能力是否得到了提升。通过确立总结性评价的规程、规范评价行为,学生学年学习结果就能进行客观评定。将过程性评价与总结性评价相结合,不断优化评价方式,保证评价的客观性、严肃性。

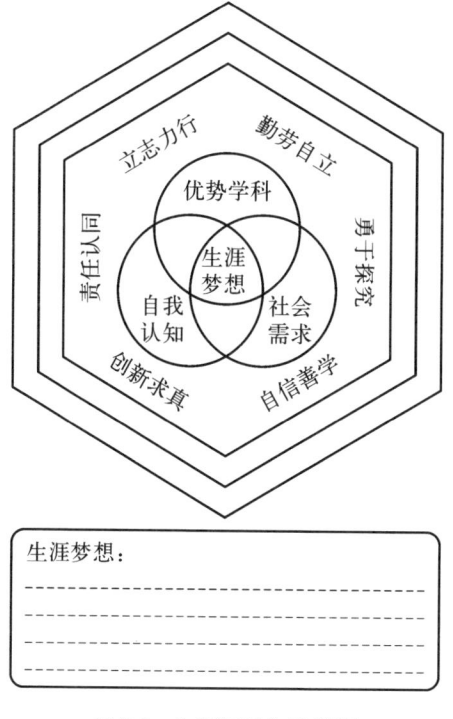

图 3.6 生涯图景海报模板

生涯探索能力的总结性评价

总结性评价将采取线上问卷的形式,对上过校内生涯课程的同学和未上过校内生涯课程的同学进行数据收集和对比,以验证课程对初中生生涯探索能力建立的作用。

总结性评价将初中生的生涯探索能力划分为五个部分进行考察,分别是自我认知情况、社会认知情况、生涯探索情况、选择能力和学业规划(这两个能力都划入了"个人成长"板块)。这五个部分与校内生涯课程的四大核心板块基本保持一致。问卷的内容会结合校内生涯课程的大纲和生涯规划前沿研究内容,为每一个维度设置相应的题目。

在问卷制作方面,学校将邀请生涯教育方面的专家,对问卷题目及选项进行多轮讨论修改。问卷需要综合考虑生涯规划的各项研究内容和初中生的阅读答题风格,并需要通过多轮专家评审,以确保问卷的内容效度及预测效度,在较高的水平上反映娄江实验中学学生的生涯探索能力。

生涯品格的评价

昆山市娄江实验中学要培养的是具备"志、勤、责、勇、信、创"核心生涯品格的娄江德善少年,这六项核心品格是学校对每一位在校学生的要求,也是生涯品格评价的标准。

但是,问题在于,生涯品格是学生的内在素养,是他们世界观、价值观与人生观的体现,很难直观感受,也很难用简单的考核、打分来评定。因此,在设计生涯品格的评价体系时,需要解决两个难题:一是如何减少学生们的刻意修饰,让他们尽可能表露内心真实的想法,从而达到评价的客观性;二是如何简化评价流程,降低教师的工作量,同时不影响到评价的有效性。

出于对生涯品格评价特殊性的考虑,昆山市娄江实验中学选择了过程性评价的方式,解决了"价值观评价"这一难题。

与关注结果的总结性评价不同,过程性评价更为关注的是学生在学习过程中的变化,并且具有流程的导向性。过程性评价强调学生的主动参与和自主记录,并在"自我评估—同伴互评—教师点评"的流程下,完成整个评价的过程。

具体来说,由以下四个步骤完成:

第一步,制定评价量表,用清晰的文字描述给出具体的生涯评价标准的解读(图 3.7)。

德善少年	生涯解读	有所行动（青铜徽记）	积极进取（白银徽记）	行为典范（黄金徽记）
志 立志力行	寻获适合自己的生涯梦想,立下行动计划,并付诸实践。	找到适合自己的生涯梦想,并设立行动计划。	找到适合自己的生涯梦想,确保一定的可行性,设立行动计划,并付诸实践。	找到适合自己的生涯梦想,设立计划,付诸实践,并取得一定的进展或成果。
勤 勤劳自立	在学习与生活上,减少对父母不必要的依赖;具备一定独立思考,独立决策的能力。	生活上减少对父母的依赖,自理能力得到提升;学习上改善学习自觉性,降低父母的监督欲求。	学习上不依赖于父母的监督,在生涯决策时能够有自己独立的思考。	能够自觉调配学习时间,自发探索学习方法,在生涯决策中有思考、有主见,能够与父母沟通后达成决策一致。
责 责任认同	了解自己作为学生、作为子女、作为社会公民的基本职责,并积极行动,承担相应的责任。	思考自己的多个不同的角色身份,并理解每个角色身份的具体职责。	能够理性接纳自己作为学生、作为子女的角色身份,并担好这些角色的基本职责。	在做好学生、子女角色的基础上,探索公民的社会责任,并承担力所能及的事项。
勇 勇于探究	在生涯探索的过程中,面对困难和障碍,不因挫败而轻易放弃,勇于尝试和挑战。	生涯探索时,选择有一定的挑战性。	生涯探索的选择有一定的挑战性,能够知难而上,不因遇到阻碍而轻易放弃。	生涯探索的选择有一定的挑战性,遇到明碍时,勇于探究,克服困难。
信 自信善学	能够改善学习方法,并在生涯探索的过程中寻找学习的方向,把梦想与学业规划相结合。	通过生涯课程的学习,改进学习方法,建立初步的学业规划。	了解生涯梦想对知识技能的要求,以梦想为目标,获取学习动力,改善学习方法。	了解生涯梦想的技能,对学业能力的要求,并以梦想为终点,设定远期的学业目标,规划学习路径。
创 创新求真	对于自己的梦想,能够有创新的内容,或创新的理解,并探索这些创新部分的可行性。	探索梦想的过程,梦想不人云亦云,不被大众的惯性思维所束缚。	梦想有一定的创新性;或对自我梦想的理解,有自己独特的创造性。	对于梦想的创新,不停留在空想,而是进一步探索这些创新的真实性和可行性。

图 3.7　生涯品格解读及等级划分

"志、勤、责、勇、信、创",这六个字是对娄江德善少年品格的高度概括。但将其具体用作评价标准的时候,则需要根据具体的需要,给出更为详细、易于理解、便于操作的生涯解读。每个生涯品格都能对应清晰且具有实践性的解读。

立志力行:寻获适合自己的生涯梦想,立下行动计划,并付诸实践。

勤劳自立:在学习与生活上,减少对父母不必要的依赖;具备一定独立思考、独立决策的能力。

责任认同:了解自己作为学生、作为子女、作为社会公民的基本职责,并积极行动,承担相应的责任。

勇于探究:在生涯探索的过程中,面对困难和障碍,不因挫败而轻易放弃,勇于尝试和挑战。

自信善学:能够改善学习方法,并在生涯探索的过程中寻找学习的方向,把梦想与学业规划相结合。

创新求真:对于自己的梦想,能够有创新的内容,或创新的理解,并探索这些创新部分的可行性。

第二步,针对六字生涯品格,给出达成目标等级的不同描述(图 3.7)。

对于每一项生涯品格,如果只有一栏文字性的生涯解读,可能无法准确地反映出其内涵和表现形式。学生们可以回答他们是否做到,却难以说清他们达到目标的真实程度。因此,对于每一个评价维度,我们设计了三个不同的目标达成层级,供学生做自我对照和参考。课程研发小组把这三个层级分别命名为"有所行动""积极进取""行为典范"。

以"立志力行"为例,该品格要求学生们能够"寻获适合自己的生涯梦想,立下行动计划,并付诸实践"。第一层级"有所行动”，找到适合自己的生涯梦想，并设立行动计划。第二层级“积极进取”，找到适合自己的生涯梦想，确保一定的可行性，设立行动计划，并付诸实践。第三层级“行为典范”，找到适合自己的生涯梦想，设立计划，付诸实践，并取得一定的进展或成果。

这样层层递进的目标和要求，给学生指明了方向，并且在他们生涯探索的过程中，也能够对照自己的现实情况进行适时调整。

第三步，完成“自我评估—自我举证—同伴监督—教师审核”的评价流程（图 3.8）。

娄江德善少年：志——【立志力行】

生涯解读	有所行动（青铜徽记）	积极进取（白银徽记）	行为典范（黄金徽记）
寻获适合自己的生涯梦想，立下行动计划，并付诸实践。	找到适合自己的生涯梦想，并设立行动计划。	找到适合自己的生涯梦想，确保一定的可行性，设立行动计划，并付诸实践。	找到适合自己的生涯梦想，设立计划，付诸实践，并取得一定的进展或成果。

你觉得在“立志力行”这一项上，你已经达成的是【有所行动】、【积极进取】，还是【行为典范】？

请详细描述，或列举至少一件事例，以此证明你在“立志力行”上的成就。

你的自我证明需要得到同伴或者家人的认可，让他们用一句话评价你的表现，并负责任地签下他们的姓名。

导师审核：

图 3.8　以“立志力行”为例的评价流程

品格是人内在的基本素质,它决定了人回应人生处境的模式。学生不需要写出一份漂亮的思想品格答卷,而是需要拥有回应人生未知境遇的能力。因此,我们更看重学生在学习过程中真实的思考和收获。以"自我评估—自我举证"为核心的评价方式,正是对这一思想的反映。这是学生全面认识自我、自我反馈和调节的机会,也避开了"教师观察—教师记录"这一模式在操作上的短板,避免了对教师精力的过度占用。

"同伴监督"也是一种同伴互评的过程,由他人给出客观的意见,防止陷入自我认知的误区。在协作学习的过程中,同伴互评给学习者提供了自我表达的机会,能促进学习者的自我反思并提升其交流能力,学习者还可以从同伴互评的结果中获得正向的反馈和认知的强化。

完成了以上三步后,"教师审核"的意义,不仅是确保评价结果的有效性,更重要的是确保评价过程的真实合理。

第四步,六项评价完成后,汇总结果,用徽记奖励的形式予以呈现(图3.9)。根据学生在每一项的评价结果,给予相应的徽记奖励,这种低程度的精神奖励形式,一方面能够适度鼓励学生集齐"德善少年"生涯品格徽章,另一方面,也不至于因为奖励过高而增加学生言过其实或伪造成果的动机。

课程评价的最终目的在于促进学生的学习。学生需要的不是狭隘的量化认可,而是一种引导、激励和促进自我发展的方法途径。学校传授的知识和方法、培养的能力及价值导向、采用的评价方式,都是在为学生的终身发展服务。

德善少年	生涯解读	有所行动（青铜徽记）	积极进取（白银徽记）	行为典范（黄金徽记）
志 立志力行	寻获适合自己的生涯梦想，立下行动计划，并付诸实践。	志 有所行动	志 积极进取	志 行为典范
勤 勤劳自立	在学习与生活上，减少对父母不必要的依赖；具备一定独立思考、独立决策的能力。	勤 有所行动	勤 积极进取	勤 行为典范
责 责任认同	了解自己作为学生、作为子女、作为社会公民的基本职责，并积极行动，承担相应的责任。	责 有所行动	责 积极进取	责 行为典范
勇 勇于探究	在生涯探索的过程中，面对困难和障碍，不因挫败而轻易放弃，勇于尝试和挑战。	勇 有所行动	勇 积极进取	勇 行为典范
信 自信善学	能够改善学习方法，并在生涯探索的过程中寻找学习的方向，把梦想与学业规划相结合。	信 有所行动	信 积极进取	信 行为典范
创 创新求真	对于自己的梦想，能够有创新的内容，或创新的理解，并探索这些创新部分的可行性。	创 有所行动	创 积极进取	创 行为典范

图 3.9　生涯品格徽章

第四章　生涯支持系统的建立

第一节　学校篇：校园文化的建设

教育是服务于学生的，校园文化建设也应该始终围绕学生展开。坚持以学生为中心的校园文化建设工作，能够充分尊重学生的需求和利益，更好地满足学生的成长和发展需要，从而实现教育目标。学校是学生进行学习和生活的重要场所，建设出健康、良好、积极向上的校园文化环境，营造出有利于学生全面发展的校园氛围，可以增强学生的自豪感、认同感和归属感。以学生为主题的校园文化建设，发挥教育教学和文化活动的积极效果，具有传承校园文化、创新校园文化和发展校园文化等多重作用，因此在校园文化建设中，首先应坚持以学生为中心，提升学生参与校园文化的能力，提供学生参与校园文化的平台。

娄江实验中学的校园文化一直体现出"以学生为中心"的特点。步入学校，便能看到"每滴都最美"的校园标语。这句标语传递出"娄江是一条江，每位师生都是江里的一滴水，每一滴都是最美，每一滴都能汇入娄江、流入社会，成为一个对社会有用的人才，成长为更好的自己"这样的理念。

为了充分体现"每滴都最美"的教育理念，2016年9月，娄江实验学校为特殊学生积极筹建了融合教育资源教室，以帮助那些具有特殊需求的学生更好地学习与成长。资源教室是集课程、教材、专业图书以及学具、教具、康复器材和辅助技术于一体的专用教室，具有为特殊教育需求儿童提供咨询、教学、康复训练和教育效果评估等多种功能。娄江实验中学将资源教室命名为"桂园"。"桂园"得名于教室周围有几株桂花,又因为郁达夫在《迟桂花》中说过:"桂花因为开得晚,所以才经得久些。"娄江"桂园"主张:全纳公平,静待花开。相较于普通学生,资源教室的孩子们成长速度虽慢一些,但娄江实验中学坚信他们会如同桂花一样厚积薄发,到盛开之日,芬芳满园,余韵悠长。

此外,娄江实验中学的物型课程建设也体现了"以学生为中心"的办学理念。物型课程的场馆建设将校园建设与教育价值、课程开发、学科文化等有机结合起来,学校创建学科之境,学生乐享学习之美。首先,娄江实验中学的校园建设是从学生需求出发的,让教师和学生共同创建了一个适合学生发展的校园环境。它不仅包括课堂、实验室、图书馆等学习设施的优化,也包括课外活动区域的丰富和绿化设施的完善。学校的物型课程创建的是与教学内容相融的校园造型,通过开发丰富而有美感的课程资源、重构学习空间,让学术形态的内容以教育形态、生活形态呈现。物型课程重在"物"的文化塑形及课程意象,特别注重研究教室环境的优化、物象氛围的调整等,使之场景化、情境化,创造出更具美感的教育景观。这些建设活动让学生获得更好的学习、生活和活动环境,有利于学生实现个人潜能的发展。

其次,学校注重建设过程中教育价值的传递,以此来引领学生的行为和思维方式。这样的教育措施不仅让学生在教学成果上更有认同感,更提升了课程对学生的吸引力,并且应用到课堂之中,激发学生的创造力和思维能力。在校园文化建设的过程之中,学校的课程开发也是不断进阶的。课程开发不仅仅局限于改变学科形式和内容,更是探索合理的课程模式,激发学生的合作精神和创新精神。总的来说,娄江实验中学将校园建设与教育价值、学科文化、课程开发有机结合,体现出了以学生为中心的理念,使学生得到科学、全面的成长,在个人发展中体现更大的幸福感和价值认同,从而更好地服务社会。

娄江实验中学遵循以学生为中心的理念构建了生涯教室。生涯教室主要围绕学生的成长需求以及生涯探索需求展开构建,旨在为学生提供个人发展的支持和指引,并为学生成长提供生涯教育的支持、引导和记录。生涯教室的构建理念是让学生身心充实,让课程有保障,让教育方法健康有效。通过为学生打造一个具有魅力和情感充实的空间,激励学生在生涯探索中追寻自己的兴趣和热情。在保障基础生涯课程开展的基础上,为学生提供相应的生涯咨询和技能培养的服务,为学生提供更多的机会参加社会实践和交流活动,为学生的生涯探索留下丰富的经历。并且,生涯教室提倡健康发展的教育方法,以开放、包容、理解的态度对待学生,使老师、学生在教育和接受教育的过程中互相受益。为践行这些理念,学校在生涯教室的设计和建设过程中,最大化地落实和保障了生涯教室的互动性、功能性、渗透性。

互动性是生涯教室开展教学活动的基础,通过人与人、人与环境间的互动可以使生涯教育活动更加灵活和有效。因此,生涯教室的布置旨在促进学生与环境、学生与学生,以及学生与老师的互动。

1. 学生与环境的互动。学生与环境是密不可分的,环境直接影响着学生的行为和情感。一个良好的环境有助于促进学生积极的情感、行为和思维的发展。而学生与环境进行良好的互动则可以增强学习体验。生涯教室里设置了生涯图书角(图 4.1),生涯图书角里的图书对课程四个板块(自我认知、社会认知、个人成长、生涯探索)进行了内容上的补充。如:《我的生涯手册》《发展心理学:从生命早期到青春期》《考试脑科学》《人生设计课》等。学生可以根据自己的需求自行翻阅。设置生涯图书角能够为学生提供更丰富的阅读资源,让学生获取更多的生涯发展资讯,在阅读中逐渐增加对于自我和社会的认知,增强自我学习能力和自我发展意愿。

图 4.1　生涯图书角

　　生涯教室里设置了一面照片墙,是学生进行生涯教育主题社会实践活动过程中的一些剪影,每个学期会将这些照片进行更新,孩子们可以在这面照片墙上看到自己成长的印迹。这是另一个与学生互动的环境元素,照片墙的存在增加了环境的亲切感,学生也能在环境中找到归属感,同时感受到学校的关注和支持。学生可以将自己的照片或经历贴在照片墙上,与教师和其他学生分享自己的生涯成长历程,交流生涯认知的想法。这样一来,学生可以更好地了解自己和其他学生的成长情况,也能够在分享中获得更多的意见和建议,从而更好地完成生涯课程的学习。

《生涯教育指导纲要》中指出"生涯教育的本质是让学生真正为自己的人生负责"。通过生涯教室及其环境元素的布置,促进学生与环境的互动,不仅可以充分启迪学生的兴趣、增强学生的发展信心,还为学生提供了一个能让他们产生归属感、安全感的空间,学生可以在这个空间里放心地表达自己的想法,在老师和同伴的支持下进行生涯探索。

2. 学生与学生的互动。生涯教室里的桌椅以小组形式排列,学生们在生涯教室里上课或者进行生涯主题的活动时,很多时候都需要进行小组交流以及合作,桌椅的摆放形式传递给学生的信息是鼓励交流、鼓励合作。小组内的学生可以相互交流和分享彼此对于自我探索的认识和想法,分享生涯实践活动的经验和心得,从而提高各自的认知水平。这样有助于消除孤立的感觉,增强学生的自信心,进而对生涯探索有更明确、全面、深刻的认知。并且,小组内的学生可以相互扶持,互相分享资源和信息,共同研究资料和相关信息,扩大自己的知识和资源,从而间接增加他们的自信心和归属感。

此外,生涯教室内的授课也会安排为分组讨论、合作学习的形式。通过安排有针对性的话题或任务,激发学生的思考,鼓励学生之间互相讨论和分享。这种方式可以让学生自由表达自己的观点和想法，激发出更多的想象力和创造力。而在进行某些任务时，老师可以让学生配对或组成小组，实现合作学习。该方式在于鼓励学生之间互相支持、互相借鉴、互相协作，达到共同完成任务的目标。因此，学生之间的互动对于促进学生全面发展具有很重要的作用。老师应该选用多种形式结合的授课方式，丰富课堂教学，让学生感受到互动的乐趣。

3. 学生与教师的互动。生涯教育是一个人生各阶段都需要关注的重要课题，而生涯教育的实施需要教师、学生以及家长的共同参与。生涯教育中的老师更像是学生的指导者，而不是传统意义上的教师。教师的任务是为学生提供必要的知识和工具，同时鼓励学生参与到生涯探索中，并向学生提供相关的建议和支持。在这种互动关系中，教师的角色是引导者和支持者，而学生则需要有更多的主动性和责任感。

在生涯教室中，教师可以使用生涯工具书为学生提供必要的生涯教育相关知识，课室里有提供给老师的工具书，比如《初中生生涯规划与发展》《生涯咨询与辅导》等。同时，老师可以通过不同的方式与学生进行互动交流，以帮助他们有效地理解和应用所学内容。除开设传统的一对多授课模式，老师可以在这个空间里，为学生提供一对一或者小组生涯咨询。生涯教室中的师生多种互动形态，可以激发学生的学习兴趣和主动性，提高生涯教育的吸引力和学生参与率。一对一和小组咨询模式可以让学生更自由地表达自己的思想和观点，提高了学生的参与度和主动性，拉近了教与学之间的距离。并且，不同的学生有不同的个性和需求,通过多种形式的师生互动,可以更好地满足学生的个性化需求,帮助学生更轻松地理解和应用生涯教育相关知识。

功能性是生涯教室开展教育活动的重点,生涯教室通过各种功能的实现来保证开展全面的生涯教育服务。在进行校园文化建设之时,生涯教室也应该成为其中的一部分,以求其使用功能最大化,从而为校园建设、教育教学、课程开发而服务。为坚持"以学生为中心"的建设理念,也为了充分发挥生涯教室的应用效果与功能场景,娄江实验中学对生涯教室的设计和建设满足了以下功能:

1. 生涯课。针对初中生的生涯课程应该注重自我认知和生涯探索。对于这个年龄段的学生来说,他们需要更多的支持和指导来了解自己的兴趣、价值观和优势。校内生涯课程中的大部分内容是基于小组活动和讨论实现的,如"梦想画布""生涯图景"这两个单元,需要学生之间交流讨论,因为教室里的桌椅摆放相对固定,所以这两个单元的学习可以在生涯教室里进行。"梦想画布"和"生涯图景"是让学生画出自己的未来梦想和目标,并通过思考和交流来梳理重要的知识、技能、经验和资源,了解自己的优势和弱点,制订可能的行动计划。通过这些活动,他们可以更好地了解生涯选择,发现自己的潜在兴趣和优势,学会探索和寻找资源,以制订未来的生涯计划为目标。因此,生涯教室的设计满足了生涯课程对于开展集体性活动、小组性讨论的需求,充分发挥出了作为支撑基本生涯课程的教室的功能,为开展进一步的校内生涯课程奠定了空间基础。

2. 生涯咨询。学校内的生涯咨询服务应该是个性化的,每个学生需要基于自己的需求和背景,得到适合自己的生涯指导和建议。咨询师可以根据学生的性格、兴趣、能力、价值观等因素,帮助学生进行个性化生涯探索和规划,为学生提供具体的生涯探索指导。但在一对多的大课堂授课过程中,学生难以得到个性化的、时间充裕的咨询服务。如初二年级在上生涯课的时候,有一位同学就提出了解考取理想大学的多元升学路径的想法,考虑到授课时间限制与问题的私人化,老师在课堂上难以为这位同学进行详细的解答。但生涯教室的设立,可以为这样个性化的生涯咨询服务提供良好的场所保障。生涯教室每周会开放,给学生提供生涯咨询的时间,学生可以带着问题过来,跟老师进行交流。每个学生可以基于自己的需求和背景,得到适合自己的生涯指导和建议。而咨询师也可以根据学生的性格、兴趣、能力、价值观等因素,帮助学生进行个性化的生涯探索与指导。

3. 生涯主题的社会实践。虽然大部分生涯主题社会实践活动会在校外进行,但为避免占用学生周末时间、方便家长接送,同时让每一个学生都能受益于生涯教育,学校邀请了外部行业专家开展了校内的生涯主题社会实践。2023 年 2 月份,学校在生涯教室开展了"穿在身上的创意——服装设计师专题研学活动"。学校邀请到了拥有资深行业经验的服装设计师来主导这次活动。活动之前,服装设计师和学校德育处联手,提前对生涯教室进行了主题布置,把服装设计师日常使用的设计工具都搬到了生涯教室,使生涯教室瞬间变为了一个专业的服装设计工作室(图 4.2)。在活动过程中,设计师先为学生们分享了自己的工作日常和生涯路径,然后邀请学生亲自动手设计自己理想中的校服。组内同学共同构思校服的款式和版式,同学们放飞的灵感就如天马行空,或在服装上涂鸦出自己喜爱的事物,或别出心裁地拼贴出另类的样式(图 4.3)。设计完成后,学生们还穿上自己设计的校服进行了走秀。学生们的个人才能在这场活动中得到了充分的发挥,生涯教室也真正承载了"以学生为中心"的学习体验。这种社会实践形式和场所的使用富有创新性,受到了广大学生和家长的好评。

图 4.2　生涯教室变身服装设计工作室

4. 教师工作坊。教师自身的成长也是非常重要的。教师的成长能带动学生的成长。生涯教室也秉持着"教育要领先"的理念,为教师提供专业的教育培训,帮助其提高生涯教育教学质量和服务能力。教师工作坊包括最新的生涯教育理论、案例分享、课程设计和教学策略等内容,以便教师能在实践中更好地支持学生的生涯发展。教师工作坊的目的是帮助教育者更好地为学生提供生涯教育服务，促进教育者共同讨论如何帮助学生发展他们的生涯探索，提高教育者的服务能力和质量。

图 4.3　学生在设计校服

　　渗透性是生涯教室开展各类教育活动的必要条件，通过将生涯教育理念渗透于师生以及家长，生涯教育活动可以更好地服务于学生并形成生涯教育的共同体。而生涯教室渗透性的体现需要从多处细节入手，最基础的手段在于通过教室环境场景的布置来达到将生涯教育的理念渗透到师生心中。如：生涯教室的墙面、黑板以及一些抬眼可见的地方，都会贴上与生涯教育有关的标语、理念，以此来激发学生对于生涯探索的兴趣和热爱；教室内部的黑板会定期更换展出内容，通过宣传画、生涯小故事的形式来增加学生对生涯探索的了解。此外，生涯教室还会通过教室内部的一些物料设计来达到渗透的功能，如：教室内部会配备印有生涯导语的笔记本、铅笔等文化用品，以加强对于生涯教室的宣传和推广,能够更好地向师生展示学校的生涯教育文化魅力。希望通过多方面工作的共同推进,生涯教育文化能更好地渗透到师生当中。

第二节 学校篇:生涯师资队伍建设

专业师资队伍的打造与生涯课程的开发密不可分。《国家中长期教育改革和发展规划纲要(2010—2020年)》第十二条提出要"建立学生发展指导制度,加强对学生的理想、心理、学业"等多方面的指导。加强生涯师资队伍的建设是学校开设生涯课程必须做的基础性工作之一。生涯师资队伍是生涯课程的核心力量,他们不仅需要具备系统的职业指导知识和技能,还需要具备教育心理学、沟通技巧等方面的素质。只有拥有一支高素质的师资队伍,才能够确保生涯课程的专业性和针对性,为学生提供更加有效的生涯辅导服务。加强生涯师资队伍建设对于学校开展生涯课程至关重要,只有通过全方位的师资培养和管理,才能够为学生提供更加专业、全面和贴近实际的生涯教育指导,帮助他们更好地实现生涯探索目标。

初中阶段的生涯教育对于学生的引导作用是不可忽视的,然而初中生涯教育师资队伍建设的现状却存在诸多问题。虽然近年来国家出台了相关政策和措施,加强了对生涯教育的重视,越来越多的学校也意识到了生涯教育对于个人、社会、国家发展的重要性,但是师资队伍仍然存在专业化程度低、稳定性低、培训机制不健全等问题。一些地区和学校在实施生涯教育时面临人才匮乏、资源不足等困难。同时,受传统教育观念和体制限制,部分教师对于生涯教育理念和方法的认知和应用还需进一步提高。目前的初中教育仍以学科知识教育为主,在对教师资源的配设过程中,也更加注重学科教师的引进,往往会忽视生涯教育实践部分的教师资源,这就导致生涯教育师资队伍的建设可能面临多维困境,限制了学校生涯教育的开展。

目前生涯教育师资队伍建设存在的主要问题

1. 教师队伍数量不足,内部结构失调

目前国内生涯教育的需求不断增长,但在教师招聘和师资培养机制上稍显滞后。由于生涯教育领域需要具有实践经验和专业技能的教师,因此对于教师素质有较高的要求。而现阶段国内的生涯教育师范类专业是缺失的,甚至在本科阶段开设的跟生涯教育相关的课程都非常少,导致招聘和培养生涯教育专业教师的难度增加。此外,生涯教育领域存在着"非正式"或"半正式"的教育形式,导致教师数量无法得到有效统计。

2. 教师自身的职业经历有限

很多在校老师往往是一毕业就进入学校工作,缺乏丰富的职业体验。在这种情况下,大多数老师在对学生进行生涯指导时,只能提供自己的职业经历给学生作为参考,这意味着他们可能无法为学生提供前沿的、全面的生涯信息和资源,这其实限制了学生的视野和选择范围。另外,随着社会的不断变革和发展,许多行业都在发生着深刻的变化。但是,许多生涯教育的教师并未及时跟进这些变化,并没有对新兴行业和职业有较为深入的了解,难以提供给学生最新、最全面的行业信息。

3. 生涯理论知识和实践经验有限

由于学科教育在目前还是占主要地位,学校聘请的教师大多是在某学科领域的专业教师,虽然这些教师对学科知识掌握得非常扎实,但是他们的生涯教育知识和生涯授课经验非常有限。很多生涯教育的教师并没有系统地学习过生涯教育相关理论,对于一些基本概念、原理和方法不够熟悉,导致他们无法深入挖掘课程内在规律,从而难以有效地指导学生的学习。此外,由于开展生涯教育的范围较小,许多教师未能积累到丰富的生涯课授课经验。

4. 师资队伍建设发展速度慢,没有对师资队伍建设进行合理的规划

相较于其他教育领域,生涯教育是近年来才开始受到关注的教育领域,对其师资队伍建设的重视程度还有很大提升空间。目前生涯教育师资队伍的人员结构不够合理,缺乏经验丰富的老师。此外,对于生涯教育师资队伍的规划和培养也存在不少问题,需要进一步改善。例如,一些学校在开展生涯教育时,由于缺乏专业的生涯教育老师,往往将一些心理老师或者学科老师调来代课。这些老师虽然有教育经验,但缺少生涯教育方面的知识和技能,无法满足学生的需求。同时,已经在授课的生涯教育老师也需要不断地更新自己的生涯教育知识,提升自己的生涯辅导技能,但学校提供的培训机会往往有限,很难给教师提供足够的支持。

上述问题不仅存在于整个生涯教育领域，也存在于许多重视学生生涯教育的学校之中。娄江实验中学在探索生涯教育的初期也面临着同样的问题。学校意识到，师资队伍数量不足会导致学校无法为每一个学生提供足够的生涯教育服务。而缺乏有经验的、专业的生涯教师，难以提供针对性强、质量高的生涯教育服务，可能会导致学生的生涯探索方向出现偏差。另外，生涯教师缺乏充分的培训、更新知识的机会，也会造成教学内容的落后和教学形式的单一。基于学校在生涯教育探索阶段碰到的挑战以及学校的师资队伍现状，校内生涯课程领导管理小组采取了以下策略：

策略一：突破理论知识的束缚

教师理论知识不够充分、专业性不强是当前国内生涯教育师资队伍面临的普遍问题。为改善这种情况，娄江实验中学着重加强了对于生涯教师的理论知识培训，帮助提高其专业素养和实践能力，以更好地满足学生需求。早在学校生涯教育的探索阶段，娄江实验中学就已经组织从事学生管理工作或心理辅导工作的老师接受了专业、系统的生涯规划师培训。此类培训对于提高学校教育质量，帮助学生进行生涯教育和心理辅导，促进学生的全面发展，有着重大的意义。

通过专业的培训，娄江实验中学德育处的老师获得了NCDA生涯发展规划师证书。NCDA是美国职业生涯发展协会（National Career Development Association）的简称，是全球范围内最权威的职业生涯规划和发展认证体系。培训课程包括生涯规划师概论、生涯发展理论与应用之特质因素论、生涯发展理论与应用、生涯决策与价值观、生涯咨询历程与演练、生涯咨询技巧等模块。在这场培训中,学校老师同时掌握了理论知识与实操技能,并顺利通过了考核,为学校后续生涯课程的研发积累了坚实的理论基础。

此外,学校积极承办并组织老师参与教师生涯指导能力培训。2022年7月8日至7月12日,学校承办了昆山市中学教师生涯指导能力培训,学校组织本校数位老师参与此次培训。本次培训的主要对象是昆山市初高中教师,初高中是学生生理、心理变化最为巨大的年龄段,也是性格、价值观、人生理想形成的关键时期。中学教师作为直接面对初高中学生的一线力量,他们对于生涯知识的融会贯通、对于生涯探索和规划能力的精准掌握,可以更好地引导孩子们拓展思维模式、进行生涯探索。三天的课程中,有理论、有实操、有大量一线案例。教师们通过学习性格、兴趣、能力、价值观四个维度的测试量表,可以在未来引导初高中学生了解自我、合理规划、合理选科,找到与自己能力、兴趣相匹配的职业方向,从而活出自我,更有智慧地工作和生活。

策略二:教师培训要同时注重理论知识和实践能力的提升

生涯教师不仅要掌握专业的理论知识,还需要了解如何把这些工具和知识更好地传递给学生,其理论知识与实践能力应该相辅相成,二者缺一不可。理论知识可以为各类生涯实践提供指导和支持,而实践则可以帮助生涯教师更好地指导、教育学生,从而使他们在生涯教育过程中受益。注重理论知识与实践能力的双重提升可以使生涯教师成为更加优秀、全面的教育工作者，为学生和社会做出更大的贡献。因此，学校制定了培训方案，定期对教师进行培训和组织教师工作坊。此外培训形式单一、培训内容枯燥也是制约师资队伍水平提升的一个重要因素，为避免这类问题，学校在开展生涯教师培训的时候，会不断开拓新的培训形式，注重教师理论知识和实践能力的双重提升。

娄江实验中学联手专业的第三方机构，结合娄江实验中学教师们的实际情况，制定了培训方案。在课程实施的第一年，主要由外部专家对生涯教师进行培训，培训课程从理论培训与实践能力培训两方面着手进行。

在理论培训方面，除了国际上认可的一些生涯理论外，初中教师的培训还会加入一些更适用于初中生的生涯知识普及，如初中学生还不适合进行过早的职业规划，在初中阶段，生涯教育的任务更多是建立学生的自我认知和社会认知等。因此在培训课程中，会避免加入以职业生涯规划为导向的理论，而更多以自我认知、兴趣探索、生涯探索的理论为主。其中有一些概念是非常重要的，比如创造型兴趣、软实力、硬实力、社会价值等。老师们需要深入了解这些概念，才能更好地把这些知识传递给学生。除了开展生涯知识的培训内容之外，理论培训还包括生涯教育教学方法的内容。因为生涯课程的教学跟学科教学有较为明显的区别，学科教学非常注重学生的知识掌握情况，而生涯课程的教学非常注重过程，注重老师和学生之间关系的建立，所以在理论培训中，第三方机构的生涯教育专家也会为老师们介绍一些生涯教育常用的评估方法和课堂管理方法。

而在实践能力培训方面，学校注重培养教师的课程教学方法以及与学生的沟通技巧。这些实践能力可以帮助生涯教师将理论知识转化为实际教学技巧和方法。在实践中,生涯教师可以不断尝试新的教学策略和方法,以发现最能适用于他们的学生和课堂环境的方法。很多老师在初次进行生涯教学课堂之前,可能会对自己缺乏信心。考虑到这一点,娄江实验中学邀请了第三方机构专家,先让老师们自己体验一堂生涯课,让老师们感受生涯课堂的授课氛围。让老师身处课堂中,代入学生的角色有助于老师了解生涯教育的理念、方法和技能,可以让老师更加了解学生的听课、求知需求,从而更好地引导学生进行生涯课程的学习。在课程后,还安排了专家为娄江的学生授课,老师们在一旁进行观摩。专家为学生上生涯课,让老师能够对专家的生涯教育实践有直观的感受和认识,并能够了解专业机构如何将生涯理念融入课程中,如何培养学生的生涯探索意识和能力。同时,老师也能够感受到学生在生涯教育过程中的反应和需求,这有助于老师更好地调整自己的教学策略和方法。

在示范课之后,老师们和专家开展交流研讨,建立工作坊。专家向老师们详细讲解了教师用书以及配套课件的使用方法。在培训中,专家强调,要想让学生获得思考和启发,老师就不能只是课程的执行者,也要是课程的共创者。老师要在课程中,适当加入自己的元素和风格,才能与学生建立起信任关系。

此外,学校还成立了由校内生涯课程老师和第三方机构专家组成的教师支持小组。小组内会定期组织教师工作坊,帮助教师们互相交流和学习。工作坊会为不同类别的老师制定不同的培训主题,帮助老师们灵活教学。如,为学科教师制定"学科融合"培训,让学科老师将生涯教育知识融入平时的课程之中,让学生们更能融会贯通。而心理健康教师与德育干部,他们拥有丰富的心理教育经验,学生们对他们更加信任,因此他们的培训主题主要是"生涯咨询"。老师们在工作坊内上课之时,如果有任何的感想、疑问,都可以在线上沟通群内进行交流。课后的教师小组与教师工作坊,为老师提供了一个相互交流和学习的平台。在小组讨论中,老师可以分享自己的授课经验和教学感悟,也可以从其他老师那里获得新思路和新方法。在教师工作坊中,专业机构的生涯教育专家会为老师提供更加深入的培训和指导,让老师能够更好地应用生涯教育理念和方法,提高课程的实效性和针对性。

策略三:对师资队伍建设进行合理的规划

拥有高质量的师资队伍可以提高学校的教学水平和办学质量,培养学生面对未来的能力。合理建设和规划师资队伍可以有效提升学校生涯教育的专业性和实效性,保障学生的生涯探索体验以及个人成长发展需求得到更好的满足。此外,还可以促进学校内部教育资源的优化配置和知识经验的共享。因此,娄江实验中学为了推动学校生涯教育的全面协调发展,对现有的生涯师资队伍进行了合理的规划。

第一步:让有学生管理经验或者心理咨询背景的老师接受系统的培训,这些老师可以和第三方机构共同组成学校的课程研发团队。这些老师通常具备更好的情感沟通能力和问题解决技能,他们可以更好地帮助学生解决生涯规划中的疑惑。同时,生涯课程研发团队可以根据学生的需求和特点开发出更加实用和有效的课程内容,以满足学生在生涯探索方面的需求。同时,通过课程研发团队的合作可以不断地更新、完善学校的校内生涯课程,提高生涯教学质量。

第二步:挑选一部分老师,在校内接受生涯师资培训。通过让老师接受系统的生涯教育培训,可以使他们更好地了解生涯探索的相关知识和技能。同时,也可以让老师不断学习和更新自己的知识,从而提升他们的教学能力和专业素养。

第三步:让生涯教育成为校园文化的一部分,对所有班主任进行生涯教育的概念普及。学生在进行自己的生涯探索时需要得到周围人的支持与帮助,而班主任是学生最亲近的人之一,能够成为学生生涯探索的良好指导者和顾问。若班主任提升生涯规划相关知识和技能,则可以更好地帮助学生完成生涯探索。这样在学生对未来规划出现困惑的时候,班主任就能对学生做出方向性的指引。如:对于一个初中生来说,班主任可以引导他了解自己的兴趣爱好、优势和不足,探索自己的生涯发展方向,这样的生涯教育服务可以为学生的未来发展提供有力的支持。

第三节 社会篇:社会资源的系统性建立

初中阶段生涯教育的核心目的之一就是建立学生的自我认知和社会认知。社会认知是指认识和理解社会的能力,它包括了对社会关系、社会角色、社会评价体系等方面的认知和理解。

建立社会认知在初中阶段生涯教育中具有重要的意义,可以帮助青少年更好地适应社会环境。在成长过程中,青少年逐渐从家庭走向社会,在这个过程中需要学习如何与人交往、如何遵守社会规则等。若没有良好的社会认知能力,他们可能会在适应社会环境时遇到困难。社会认知不能仅通过校内生涯课程来实现,学生还需要走出校园,通过认识不同的职业和行业,看到社会的发展趋势,才能对未来有所思考。

虽然家长也可以带学生进行一些企业参访的活动,但是这样的活动安排一次会耗费很多的时间、精力、金钱。并且能够接受学生参访的企业并不多,这就导致学生往往只能对某些特定的行业进行了解。此外,如果家长对所参访行业的了解不够深刻,那么参访就会变成一次走马观花的活动,难以为学生制造深度的生涯探索体验。因此,为让学生接触到不同的职业、行业,并能获得有意义、有思考的深度职业探索体验,娄江实验中学充分结合家长和周边资源,开发了一系列在学校附近的、覆盖多领域的社会实践资源。目前已覆盖的行业或社会实践场地包括:通信行业、档案馆、现代农业、科技行业、服装设计行业、法律行业、高等院校。

社会资源的系统性建立不仅包括社会实践场地的提供,还包括社会实践体验的创造。学校联手这些企业或组织,共同为学生创造有意义、有思考的深度体验。这些实践要尽量满足以下四点原则:

1. 实践性与探究性相结合

娄江实验中学在设计生涯教育主题的社会实践时,注重将探究性和实践性有机结合,以提升生涯探索的深度和体验。在生涯探索实践中,深度参观和思考是重要的探究性活动,可帮助学生深入了解行业背景和就业需求,为此,学校会为学生准备活动手册,提供相关背景阅读和指导,以引导学生关注细节,了解行业从业人员的生涯历程和工作体验(图 4.4)。同时,实践性活动也是重要的组成部分,要求学生动手参与或完成真实任务,如模拟农作物收获流程或校服设计,这有助于学生提高沟通、合作、创新和动手能力。整个过程旨在为学生提供更深入、全面、具体的生涯探索体验,使之更好地理解自己的潜力和未来发展的方向。

2. 内部探索与外部体验相结合

在校内生涯课程中,学生有较多的机会去探索和了解自己的兴趣、能力、性格、价值观等个性特质。而要实现自我价值的最大化,就必须将个性特质与社会需求结合起来,并找到自己的定位。不过,在校园内,学生很难直接接触到各行各业的真实情况,因此,生涯教育主题的社会实践活动为学生提供了把自我了解和外部世界相结合的机会。这样的机会不仅能够帮助学生更好地了解自己,还可以让他们更客观地认识不同领域和行业,从而更全面地认知自我和社会。通过这些实践活动,学生也能够进一步验证自己对不同领域的兴趣,看看自己是否真正适合从事该领域的工作。

3. 团体辅导与个体辅导相结合

学校开展的实践注重培养个人与团体的关系。在团体辅导方面,将学生分组并由教师带领,通过团体交流、合作,增强学生

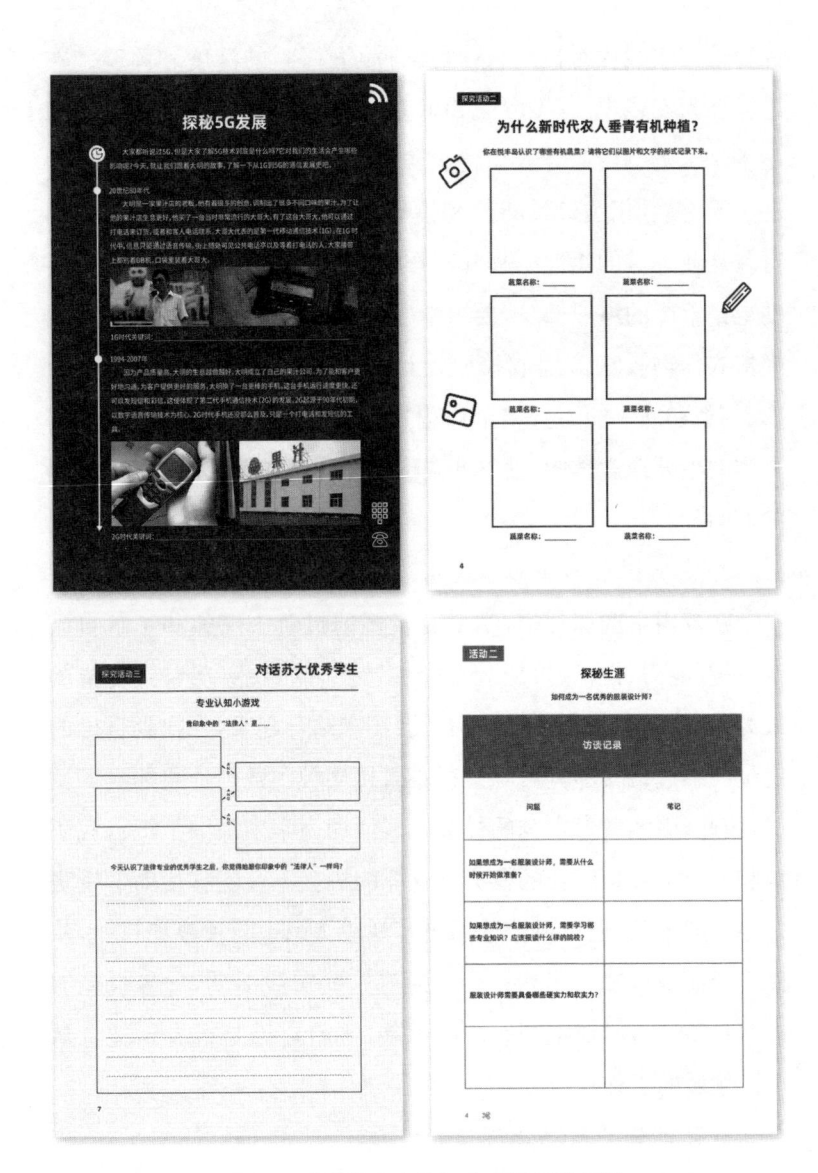

图 4.4 生涯教育主题社会实践活动手册

的集体意识和团队合作能力。在实践过程中,学生需要根据任务要求,分配工作并完成任务,这既能提高学生的实际操作能力,也能够锻炼学生的团队协作能力和沟通技巧。而在个体辅导方面,活动设置了个人咨询环节,由专业的生涯教师进行辅导,针对学生的个性特点,帮助学生解答活动过程中的疑问。通过实践活动,学生能够逐渐理解自己的优势所在,并且在实践中增强自己的自信心和解决问题的能力,为未来的生涯探索奠定坚实的基础。

4. 学校组织与社会参与相结合

学校开展的生涯教育主题实践活动,遵循了学校组织与社会参与相结合的原则,旨在为学生提供更丰富、更全面的生涯教育资源。在学校组织方面,该活动是由学校组织的,旨在为学生提供更好的实践平台和学习机会,同时结合学校的教育理念和教育目标,能够为学生提供更全面、系统的生涯探索教育。而在社会参与方面,为了让学生更全面地了解各行各业,学校邀请了企业或组织的核心工作人员共同参与活动流程和内容的设计。这些工作人员拥有丰富的行业经验和知识,能够帮助学生了解关键的行业信息,了解行业的发展趋势和人才需求信息,有助于学生思考未来的职业规划。在活动过程中,来自不同部门的工作人员也会尽可能地参与到与学生的互动交流中来,向学生们介绍不同岗位的工作性质、工作内容,进一步加深学生对行业的了解和认识。学校组织与社会参与的结合为学生提供了更全面、更丰富、更切实的生涯体验。

以下分享学生参与度、评价较高的三场生涯教育主题社会实践活动。

通信行业：中国联通，感受 5G 发展

中国联合网络通信有限公司昆山市分公司（以下简称"中国联通"）坐落在娄江实验中学的隔壁，为帮助学生了解国内通信技术行业的发展现状，娄江实验中学联合中国联通共同开展了主题为"5G 联通未来"的生涯教育主题社会实践活动。

此次实践中，同学们先是通过活动手册和中国联通工程师的介绍，了解了 5G 技术在中国的发展历史，之后又在工作人员的带领下参观了应急设备车。在此过程中，通过讲解人员的介绍，同学们了解到人工智能高度发展的背后离不开 5G 技术的支持，并且从 1G 到 5G 的高速发展仅有 40 多年的时间。之后，学校还安排同学们和中国联通的产品经理以及通信工程师进行了深度的职业访谈。同学们利用在校内生涯课程中学习到的职业访谈框架，对两位资深的行业从业人员进行了提问。通过提问，同学们了解到要想进入通信行业、信息技术行业或类似领域工作，学好数学和英语很重要，这让他们意识到目前阶段的学习是非常重要的。在此次活动中，学生们的实践任务是通过跟随工程师参观 IDC 机房，探索 IDC 机房的重要性和必备条件。同学们不停地询问工程师问题，看到前来参访的同学求知欲如此高涨，探索知识的态度如此积极，中国联通的活动负责人做出了高度的评价（图 4.5）。

有同学在活动手册的"体会与思考"部分写道："我们仿佛是被推入新时代与世界。在未来，我也有可能从事这份令人惊叹的工作。这次活动既拓宽了我的眼界,也帮我多了一个未来就业的方向(图 4.6)。"

图 4.5 参观 IDC 机房并与中国联通的工程师互动

图 4.6 学生手册"体会与思考"截图

现代农业：悦丰岛，走进都市农业

大多数学生对于农业的理解依旧停留在历史书上的牛耕耒耜，或是农民肩上的小小锄头，但其实现代农业早已不同于人们印象中的传统农业，无论是农业模式还是生产方式都已经发生了很大的变化。国家的发展需要农业，而且是需要对环境友好的生态农业。为了让同学们更新对农业的认知，唤起他们的生态环保意识，学校和悦丰岛农庄共同开展了"感受都市农业"生涯教育主题社会实践活动。

悦丰岛农场里高效先进的喷灌技术，随处可见的自动化农业机械，都彻底颠覆了学生对于农业的刻板印象。在喷灌技术方面，传统的灌溉方式往往会浪费很多水资源，同时还容易造成土地水盐累积等问题。而现代喷灌技术能够在减少水资源浪费的同时，更好地满足植物的需水量，促进农作物的生长发育。在松土机器方面，传统的耕作方式需要投入大量的人力和物力，但是现代松土机器的运用却能够在保证土地质量的前提下，大幅度降低劳动强度。这些先进的技术都让学生们深刻感受到了现代农业技术是如何解放生产力，又是如何带领人们从食不果腹到佳肴丰盛的。学生们在参观的过程中，不仅仅是看到了这些现代农业技术的应用，更重要的是深刻地感受到了这些技术带来的生产力解放。他们感到自豪的是，在这个时代，我们的国家不仅在工业和科技方面取得了巨大进步，也在农业领域有了显著的提升。现代农业技术不仅能够增加农产品的产量，还能够提升农产品的质量，也让中国的农民从传统的劳作方式中解放出来,让他们拥有更多的时间去打理家庭、学习知识等。

如果机械化农业只是刷新了学生们对于现代农业生产方式的认知,那么"友善土地"的生态环保理念就是向学生们传递了现代农业发展的灵魂。同学们在这场活动中,也了解了现代农业的从业人员工作的又一价值。同学们了解到,悦丰岛的工作重点之一就是保育老种子。随着工业的发展,可耕种的田地逐年减少,尤其是农家种、老种子越来越难找了。悦丰岛一方面努力开拓留种渠道,一方面围绕种子保护,为下一代做好科普教育。同学们在探索悦丰岛的过程中,每个人的手里都拿着一个种子收集盒,边认识农作物,边收集种子,深度体验了农场科研人员的工作。

这场活动还渗透了"勤俭节约""勤劳自立"的品格提升。随着经济的发展,如今,很多学生难以体会到珍惜粮食的意义。在悦丰岛,工作人员为同学们设计了稻谷研磨课堂。刚收割的稻米要经过数道工序的研磨才能成为人们吃的大米,所以想要获得最终能食用的米粒,需要耐心研磨。首次研磨后,学生们看到脱落下的稻米麦壳都十分兴奋,以为自己已经研磨成功了,但是老师却告诉他们,这只是研磨的第一步,麦壳脱落后,大米上依然还附着米糠,需要继续研磨。听到这话,有些同学已经没有了最初的耐心。老师告诉他们,过去的大米生产就是这样复杂,需要农民花费很多耐心和时间,才有了摆到餐桌上香喷喷的米饭。同学们通过亲身参与粮食制作的体验实践,感受到了粮食的珍贵,感受到了劳动的意义和节约美德的深刻内涵(图 4.7)。

图 4.7　同学们正在研磨稻谷

从温饱不足的原始耕作到一日耕种百亩的现代农业,从滥用化肥的环境破坏到生态友好的有机农业,随着科技的发展,农业已经从传统的手工劳动和粗放式管理向高效、智能化、绿色发展转变。在这个过程中,科研人员和农业成员起到了至关重要的作用。当了解到现代农业之所以发生这样翻天覆地的变化,都是因为无数科研人员的前仆后继,无数农业人员的扎根土地,同学们瞬间对农业这个学科有了新的认识,他们认识到科研人员和农业成员的兢兢业业,为现代农业发展注入了强大的动力和活力。他们的努力和付出,让我们能够品尝到新鲜的蔬菜水果、健康的食品,同时为实现可持续发展的目标迈出了坚实的一步。

档案馆:昆山市档案馆,从历史看未来

档案是人类的记忆,是存储文化信息资源和保存社会发展历史的有效手段。档案记载着丰富的历史文化知识，这些知识可供后人学习、借鉴和继承。每个城市的档案馆都是当地历史和文化的资源宝库。档案馆可以收集、整理和保存城市的历史文献、图片、音像等资料，保护这些珍贵的历史文化遗产，以便后代了解和研究。同时展示城市的历史、文化和科技成就，传承中华民族的优秀传统文化，提高广大群众的历史文化素养和国家认同感。为了让学生明白档案馆"为党管档，为国守史，为民服务"的伟大使命，学校联手昆山市档案馆开展了主题为"从历史看未来"生涯教育主题社会实践活动。

活动初始，学生们先参观了档案馆内的"玉出昆冈"展览馆，通过档案馆讲解员的介绍，同学们了解到了昆山历史上诞生过的优秀人物事迹，在一个个生涯故事中体会那些或坚忍、或无私、或勇敢、或善良的品格。有同学分享自己了解祖冲之生平后的感想："从前在数学课上听过祖冲之的名字，但通过这次档案馆研学我才真正了解到，圆周率的诞生是他仅仅依靠排列算筹、绳尺测量等简单工具，历经多年刻苦研究，反复演算得出的。如此简单的工具却算出了领先西方一千多年的圆周率。我着实被他对待数学严谨、刻苦与坚持的品质震撼到。"

随后，同学们与档案馆工作人员进行了深切的交流互动，并亲自体验了电子查档的流程。在体验中同学们发现，原来科技的进步对各行各业的影响无处不在，曾经他们对于档案的印象还停留在一个个陈旧、泛黄的档案袋，而现在的大多数档案都已经电子化了。相较于传统档案管理,现代的电子化管理方式存在许多优势,如节省空间、存取便捷、安全性高、信息共享等。了解到这些,不少同学又坚定了未来步入科技行业的决心。查档之后,带队老师的一番话引得同学们不住地点头,老师说:"我们看似普通的一生,一直在某个地方被认真地记录着,我们要合理规划自己的未来,不要再浑浑噩噩虚度光阴。"

活动最后,同学们来到了地方志馆,亲自翻阅地方志,感受历史学家的工作。地方志中包含了丰富的历史资料,可以让人们了解一个城市的发展历程。这些历史资料不仅帮助同学们了解了昆山市的过去,还让他们对昆山未来的规划做出了想象。当同学们把自己查阅到的史料联系在一起,绘制出昆山发展史时,大家都惊叹于昆山的发展之快,并且感受到原来探索历史是如此有趣(图 4.8)。

图 4.8　同学们翻阅地方志

第四节　家庭篇：家长生涯意识的培养

　　家长是学生成长生涯中最为亲密的伙伴之一，也是他们成长道路上最重要的支持者，家长的理解和支持对于学生的生涯发展有着不可或缺的作用。因此，为了让学生们树立起良好的生涯意识，学校方面对于家长生涯意识的培养工作也不能忽视。而培养家长生涯意识最高效的途径之一就是开设家长课堂，举行家长生涯讲座。

　　不同内容和主题的家长课堂和家长生涯讲座，将国家生涯教育政策以及学校开展的生涯教育理念通过家长这一渠道传递，增强了家长对生涯教育的理解和认识，使家长们更好地参与到学生的生涯探索教育活动中，共同推动学生生涯教育的实施。通过学校举办家长生涯讲座提供的生涯发展的信息，家长们可以更好地了解社会对人才的期望和要求，为孩子们的未来发展提供实际和重要的支持。此外，家长课堂和家长生涯讲座有助于建立起学校与社会的联系和合作，可以促进校外社会资源的整合和运用，为学生提供更多的机会和资源，让学生了解外部环境和行业的各种资源和信息，从而更好地实现生涯探索。

　　娄江实验中学联合第三方专业机构，根据家长、学生的需求来安排家长生涯讲座的内容和进程，确保学生在迈入生涯教育的进程之中时，家长们能够始终为学生护航，成为他们生涯探索之路上坚实的后盾。对于家长生涯讲座的主题、内容的安排,会根据学生们的生涯探索课程来规划。首先,在学生们进行正式的课程之前,会举行针对家长的、以生涯教育初探为主题的生涯讲座,帮助家长们树立起大方向正确、观念新颖的生涯意识,让家长们充分了解到在初中阶段开展生涯教育的必要性。而在学生们的生涯课程进行到中途之时,家长们的生涯课堂也不能落下。为了让孩子们在离开校园后,在家庭中也能与家长交流生涯探索之感悟,家长要关注学生在校外环境中的生涯探索敏锐度,了解并跟进学生的课程进度,由此在学校课程、校外实践之间,形成一个家、校、社三方合作互补的生涯教育模式。而在学生的正式课程告一段落之后,家长们依旧需要关注学生的生涯探索与规划之路,从而让大生涯概念的生涯教育真正进入学生的生活之中。

在主题为"面向未来的家长培养面向未来的孩子"的家长生涯讲座中,涉及的内容十分丰富,其中包括:我们究竟该如何培养自己的孩子?迷茫、焦虑、动力不足,是许多孩子面临的问题。如何找到未来的方向?如何规划,为未来做准备?

与普通的以生涯知识为主要传递内容的讲座不同,该讲座从多个方面来提醒和引导家长注意孩子的实际需求、基本发展以及面临的困难和压力。因为在孩子的成长过程中,家长应当注重引导和培养孩子良好、健康、积极、开朗的人格和长远规划意识,而非过分追求成绩或成就。当家长了解到孩子的困难和问题后,可以给予孩子更恰当的帮助,如肢体接触、心理疏导、心理支持、良好的家庭氛围等,这些对孩子更好地进行生涯探索具有积极的作用。该讲座以"面向未来"为主题，旨在引导家长和孩子为未来做好充分准备。通过学习，建立适应未来变化的心理、规划个人成长的道路等内容，家长和孩子可以更好地认识未来的社会，为未来的生涯规划做好准备。讲座根据社会发展趋势、科技对人们生活和就业市场的潜在影响，帮助家长们做出分析，判断未来社会的人才需要具备什么样的能力和核心素养。以此让家长具有更加清晰的判断，从而更加注重培养孩子的综合能力，而不只是看重学业成绩。有了这样的引导，孩子可以在未来的人生道路上更加有目的性和方向感，远离无所事事、迷茫等心理困境。举办这样的家长讲座，有助于建立良好的学校与家庭的关系和协作机制，让家长、孩子、学校和社会资源之间形成良好的互动、支持和合作关系，共同关注和推进孩子的个人成长与生涯探索。

为了让家长更好地帮助学生进行生涯探索，学校还安排了主题为"父母是青少年生涯第一责任人"的讲座，其中涉及的内容有：如何和孩子一起进行生涯探索？如何帮孩子进行与学校错位的、专业方面的选择和设计？如何为孩子创造关键体验？强调了父母在孩子成长过程中的重要作用，探讨了父母如何帮助孩子进行生涯探索，以及如何创造机会让孩子进行"关键体验"。

在这次讲座中，家长们了解到，父母是青少年的生涯规划第一责任人。青少年生涯南辕北辙，父母和孩子们一起探索适合自己的未来方向至关重要。相比学校来说，父母更加了解自己的孩子，他们可以根据孩子的特点和兴趣规划出更符合孩子自身发展的生涯探索方式,建立起良好的互动和沟通模式。家长们可以帮助孩子进行与学校错位的教育,助力孩子的个性化发展。家长帮助孩子们了解、接触外界工作模式,增进人际关系,对于孩子探索未来的生涯路径有着重要的帮助。父母可以引导孩子参加校外科技实验室、社会实践课程以及专业组织成员、基层试点工作等活动,帮助孩子了解真实的社会,打破自我局限、开拓新视野。此外,家长能够帮助学生创造关键体验。关键体验是人们对某一领域拥有深刻认识的过程。通过这种体验,青少年可以更好地探索和发现个人生涯兴趣,并找到自己的价值定位,而父母则可以为孩子创造这些关键体验,如:在暑假或寒假安排孩子参加有针对性的或特别的活动,或者有组织地参加职业实践活动、课程,获得相关职业证书等。在这一系列的教育陪伴中,父母不再仅仅是孩子日常生活中的"关爱者",更是孩子生涯探索和个人发展过程中的人生"辅导员"。类似的生涯教育讲座为家长们提供了一定的灵感和指导,帮助家长最大限度地发挥自己在孩子生涯探索中的作用,让孩子有机会在日常生活中获得真实的生涯体验,从而为他们的未来发展打下良好的基础。

家长进课堂也是培养家长生涯意识的重要途径之一。很多家长会选择在"家长进课堂"的活动中分享自己的职业。但因为没有专业的分享框架,家长对自己职业的介绍往往只停留在表面,学生的感受一般就是这个职业"好玩"或者"不好玩"。学校在有了专业的生涯师资之后,这些生涯教师会跟家长介绍和普及"职业分享框架",这个框架和学生用书中的"职业访谈框架"

是相匹配的。有了这个分享框架,学生不仅能从分享中了解一个职业的工作内容,还可以了解这份工作对人才的需求,比如需要什么样的硬实力和软实力,这些都是他们在校内生涯课中已经思考过的问题。通过家长专业、清晰的分享,学生能够将现实职场经验与学习生活相结合,能够更加清晰地认识自己的生涯探索路径,进一步培养生涯意识,同时了解各种职业间的差异和要求。通过使用这个"职业分享框架",家长们也掌握了向孩子介绍职业的工具,在日后和孩子的交流中,也知道如何引导孩子去认识不同的职业。并且这种形式可以让学生们更深入地了解到家长在工作中所遇到的困难和挑战,认识到职业选择不只是以追求薪水、稳定为目的,更要根据个人兴趣与天赋选择适合自己发展的方向。

在最近举办的"家长进课堂"活动之中,不同行业的家长汇集在了一起,通过"职业访谈框架"给孩子们分享自己的工作见闻、心得体会,让孩子们体验了一场有温度的生涯教育课。家长通过职业访谈框架,从五个方面来分享自己的工作,其中包括自己所从事的行业与工作职责、选择这份工作的原因、最喜欢这份工作的地方等内容。这些内容让家长在谈论到自己的工作时能够畅所欲言,而孩子们对于这样的分享形式也给出了积极的反馈。比如,某位从事物业工作的家长在谈到自己的工作职责之时,特别强调了自己的职责就是保障秩序,并且服务好业主。这样的描述能够让孩子们联想到自己身边的物业工作人员,从而让他们对于物业工作以及其他围绕在自己身边的各类服务业产生更多的理解和尊敬。此外,孩子们通过家长的分享,能够进一步受启发从而注意提高和培养自己的沟通与协调能力，能够学习到在生涯探索的过程中应该如何更好地解决问题。一位在传统制造业从事人力资源工作的家长详细地跟同学们讲述了自己的工作，这种需要与众多人交流、接触的工作让同学们十分感兴趣。学生们通过家长的分享了解到作为人力资源工作者，需要具备出色的沟通和人际交往技巧，他们了解到在工作和生活中，学会如何与不同类型的人沟通及建立良好的人际关系是至关重要的，并表示通过这次分享，会更加注意锻炼自己表达和聆听别人需求的能力，并在这个基础上提升自己的沟通技巧。

在听完家长的分享之后，同学们认真细致地在活动笔记上记下了分享过程中的要点（图 4.9），并妥善保存下来供之后查阅和回顾。虽然家长在课堂上分享的内容信息量不多，但对于学生来说，接触到的每个行业故事都在他们心里埋下了一颗生涯探索的种子，让他们在之后的日常生活中，每接触到一个行业，就会想起活动中家长所讲述的经历、故事与生涯品格，进而能够更加深刻地理解和体会不同行业的职业精神。

"家长进课堂"的举措对学生的生涯认知和生涯探索有很大的意义。不同行业的家长可以通过职业访谈帮助学生了解不同行业的基本知识、行业前景、不同职务的工作内容与技能等，从而帮助学生建立对生涯探索的基本认识和意识。同时，家长的职业经验和故事也可以激发学生的学习兴趣和职业兴趣，从而为学生的未来生涯方向提供指导和灵感。在分享过程中，家长能够介绍他们工作中遇到的具体问题和解决办法，传递实用经验。这有助于学生了解他们生活和学习中可能遇到的问题和挑

第四章 生涯支持系统的建立 | 151

图 4.9 同学们根据"职业分享框架"记录家长的分享内容

战,并准备好怎样应对这些挑战。通过家长们详细的讲解、深入的分析,学生们深入了解工作中的细节和工作环境的真正情况,从而更全面地了解自己所感兴趣的生涯路径,为未来做好选择,做好准备。

如果说学生是一颗种子,那么家长讲述的职业故事就像是给予这颗种子的养分与能量,为学生的职业探索提供支持和帮助,让学生能够茁壮成长。而就像种子需要土壤和水分才能生长一样,学生在进行职业规划时也需要了解各种职业领域的信息和相关知识。生涯探索就像是在这颗种子中插上一根支撑的杆子,帮助它直立向上生长,这样才能让学生在未来的成长道路上心无旁骛,站稳脚跟。

第五章 整体评估和学生案例

校内生涯课程开展两个学期后,学生、家长和老师都收获颇丰。学生们开始深入思考自己未来的方向,并认识到目前的学习和个人综合实力的提升对未来发展具有关键作用。家长们通过参与"家长进课堂"活动以及观摩学校生涯教育主题的社会实践活动,逐渐意识到开展生涯教育的紧迫性和重要性。同时,在生涯课堂的实施和生涯辅导方面,逐步实现了教师的专业化发展,教师们获得了更多的实践经验和心得。课程评估是整个"德善少年生涯品格提升工程"中不可或缺的一环。通过对课程的评估,课程管理领导小组可以更好地了解学生目前的状况,以及他们在生涯探索方面的需求,从而帮助学校更好地改进和提升课程,为学生的未来发展提供更好的支持。

校内生涯课程评估考察的是学生的生涯探索能力和生涯品格。主要评估方式分为总结性评价和过程性评价。评价所采用的表格、问卷由学校的课程管理领导小组和第三方专业机构共同设计完成,评估的实施则由德育处和生涯课程的执行老师配合完成。课程管理领导小组、第三方专业机构、部分课程执行老师和学校德育处领导共同组成了校内生涯课程的评估小组。

过程性评价是在校内生涯课程实施的过程中持续进行的。在生涯课程实施的过程中给出及时的评价,可以及时发现和解决学生在生涯探索的过程中遇到的问题,并根据学生的实际情况提出个性化、有针对性的建议并给予指导。过程性评价对老师来说也是非常重要的。老师可以通过该类评价掌握生涯课程教学的实施情况和效果,及时针对课程的不足之处和教学难点进行调整和改进,从而提高生涯课程的教学质量和效果。过程性评价可发挥学生的主动性,促进学生探索能力和批判性思维能力的发展。在持续的过程性评价中,学生需要不断反思自己的生涯决策思路、职业梦想和人生目标,经过不断的调整和完善,形成可行的阶段性行动计划。

总结性评估主要采取问卷的形式。问卷的主要目的是了解学生的生涯探索能力的发展情况,从而检验生涯课程是否达到预期的教育效果。学校分别在课程实施前和实施后进行两次评估。课程实施前的问卷评估可以反映学生接受校内生涯课程前的生涯探索现状、学生的自我认知和社会认知程度,为后续生涯课程的设计和实施提供依据和参考,以便更好地满足学生的需求和期望。课程实施后的问卷可以反映学生在生涯课程中的收获和变化,了解学生在自我认知、社会认知、个人成长、生涯探索方面的进步与不足,及时发现生涯课程的教学效果和存在问题,为后续生涯课程内容的迭代更新提供数据支撑。

第一节 生涯探索能力的过程性评估数据与分析

生涯探索能力的过程性评估——KWL 表格

KWL 表格主要用于了解学生课前对概念的理解,激发学生对课程内容的好奇心,推动学生主动思考,并检测学生课后对概念的理解度及是否有新的思考。在查阅学生的 KWL 表格时,课程评估小组发现,对于一些概念性或现象型的问题,学生们课前和课后对知识的理解存在较大的差异。例如,在课前,学生们对社会价值的认知比较狭隘,认为创造社会价值就是做好事或行善,但在上完课后,学生们意识到工作也是创造社会价值的重要途径,而且,如果能发挥个人优势和创意帮助更多的人,就能创造更多的社会价值。又如,许多学生在课前并不理解硬实力和软实力的概念,经过课堂学习,他们能清晰地列出自己拥有的硬实力和软实力。不过,面对一些比较抽象的问题,如学生在课前和课后回答"哪些因素会影响你的生活抉择"时,他们的答案并没有明显的差异。尽管许多学生在课堂上能够理解做出生活抉择需要考虑个人喜好以及预测他人对我们决策的支持度,但在课后总结中,他们在语言表达上并没有表现出对这一认知的运用。因此,课程评估小组认为这类主题对初中学生来说难度较高,建议学校在后续的课程设计中,可以在学生手册的"课后总结"部分为学生提供更多的支持或更为具体的引导性问题,以便他们更好地思考和总结。

在与老师的访谈中,课程评估小组了解到,KWL 表格对老师而言是非常实用的工具。老师可以通过学生课前对某一话题的理解程度,选择合适的拓展内容。当课堂还有剩余时间的时候,老师也可以根据学生之前填写的相关总结,对学生进一步提问,引发学生更深层次的思考。

生涯探索能力的过程性评估——生涯图景

生涯图景是过程性评估的重要组成之一。生涯图景展现的是学生如何基于自我认知和社会认知,找到适合自己的生涯路径。在生涯图景中,学生需要综合课堂所学,分析自己的兴趣、性格和能力优势,同时考虑自己的实际成绩,结合对社会需求和职业世界的了解,发掘出一些潜在的生涯梦想。

该评估有两个主要的使用场景。第一个场景是学生可以通过生涯图景对自己的生涯梦想进行审视和思考。生涯梦想当然不是一成不变的,学生可以根据生涯图景去判断自己目前的情况和生涯梦想之间的差距。第二个场景是生涯辅导老师基于学生的生涯图景,与学生进行一对一或者一对多的交流。当发现学生目前的情况和生涯梦想之间的差距较大时,老师可以鼓励学生建立短期、中期和长期目标来向自己的梦想逐步迈进;当发现学生对自己或者对社会的认识不清晰、不全面时,老师也可以为学生指明探索方向,引导他们去做进一步的探索。

比如,老师在和 A 同学基于生涯图景(图 5.1)进行沟通时发现,A 同学清晰地知道自己的优势学科是数学和英语,也能从硬实力和软实力两个方面来分析自己的能力优势。A 同学认为自己的硬实力包括钢琴技能和剑桥英语等级,软实力则包括善于交流、热爱表达自己的想法。虽然 A 同学有较为清晰的自我认知,但是该同学对于未来其实没有太多的期望。在与老师沟通后,A 同学为自己制定了符合实际的短期、中期和长期目标,老师也鼓励 A 同学在实现这些目标的过程中不断去发掘自己未来的生涯路径。

B 同学基于生涯图景(图 5.2)和老师进行沟通时表示,自己的物理和英语还不错,但是没有达到班里的尖子水平。B 同学对语言类的工作比较感兴趣,自己也很想考外国语类的高中,但是英语成绩不够拔尖,也没有其他外语特长。在老师的引导下,B同学为自己制订了暑假的语言学习计划。

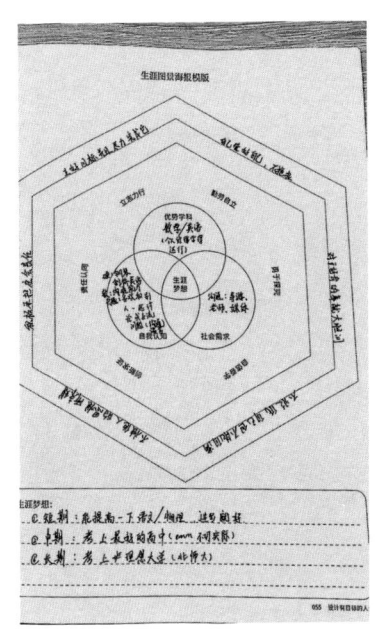

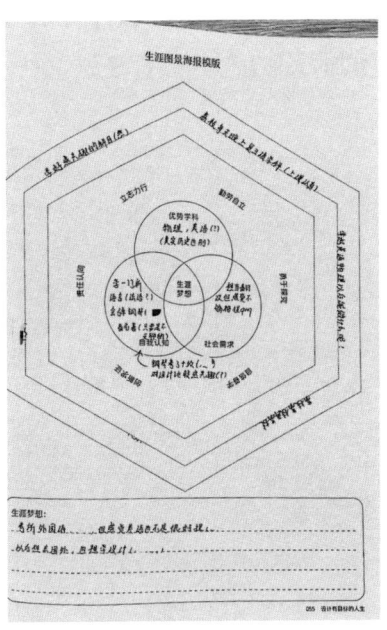

图 5.1　A 同学的生涯图景　　图 5.2　B 同学的生涯图景

课程评估小组在分析初一、初二学生的生涯图景时发现,相比于校内课程实施前,学生对自己有了更加深刻、全面的了解。比如,通过观察初二某班同学绘制的生涯图景(图 5.3),校方发现该班级的大部分同学都能做到从硬实力和软实力两个方面来分析自己的个人优势。这说明学生们敢于去思考、询问、总结、分析和对自己进行评估。在分析过程中,需要学生们面对自己的优点和不足,勇于迎接挑战,发现自己的潜力和机遇,这对学生的思维能力来说是一个很大的提升。了解自己的软硬实力对学习、个人成长和生涯探索也有十分重要的意义。学生可以利用这一自我认知，制定更加合理高效且适合自己的学习方法，也可以明确自己的个人目标和追求，激发学习兴趣和内驱力，制订更加合理的个人成长规划。

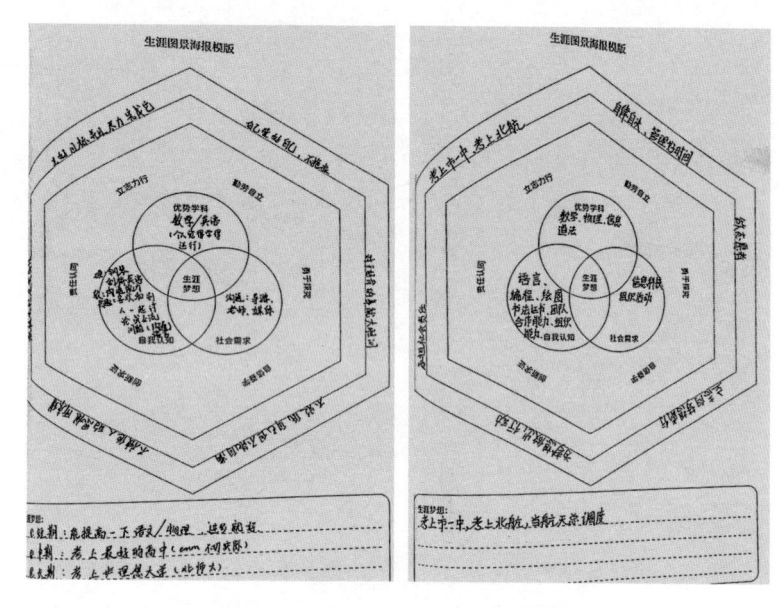

图 5.3　初二某班同学填写的生涯图景

与此同时，课程评估小组发现，学生对社会需求的认知还有待加强（图 5.4）。很多学生在填写这一部分的时候，不知道应该写什么，或者写出来的内容更多是自己的主观想象。拿初一某班作为例子，我们可以看出学生对社会需求的理解更多是从自身出发，比如"我感觉我以后可以当个文科老师""我可以成为一名作家""我可以教授课程"等，并没有从社会对人才的需求或者

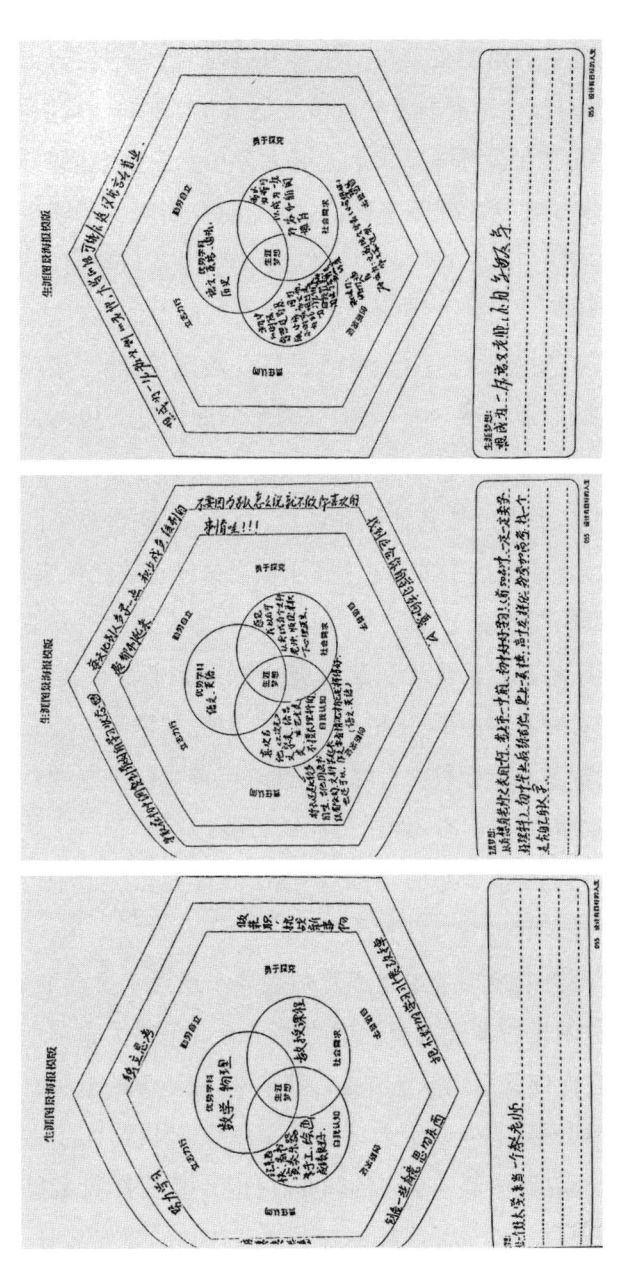

第五章 整体评估和学生案例 | 161

图 5.4 生涯图景体现出学生社会认知的不足

社会变化趋势的角度去分析。从学生填写的职业,我们也可以看出,学生对社会不同职业的认识还是非常有限的。我们看到,虽然三位同学在优势学科和个人能力分析上的答案不一样,但是得出的生涯梦想都是当老师。学生能够从自身优势联想到的职业比较有限,比如,语文好就可以当编辑,数学好就是当老师。这样的思维模式可能会限制学生未来发展的可能性,主要原因包括:第一,如果学生只了解少数的职业类别,可能会错过一些适合自己的职业领域,这会削弱其未来的职业发展机会;第二,如果学生对职业的了解只停留在表面,那么他可能对某些职业的期望过高,或者低估其他职业的潜力;第三,缺乏对不同职业领域的认知,可能会让初中生变得不敢尝试或者缺乏探索精神;第四,对不同职业缺乏全面的了解,学生很难在未来的专业或者职业选择中将自己的优势和专业、职业联系起来。

学生对职业、社会需求的认识有限,其主要原因可能是校内生涯课程覆盖的行业种类有限。学生在参与生涯主题的社会实践时,每学期也只能挑一两个不同的行业进行探索。这就导致了学生在发掘生涯梦想时,只能将自己的优势和身边看得到的职业联系在一起。

生涯图景的反馈带给课程管理领导小组两个方面的启示。首先,生涯图景思维框架对学生的生涯探索起到了非常积极的作用,这将促使管理团队继续推广该框架,使更多的老师有能力在基于生涯图景的咨询中为学生提供帮助。其次,为了在生涯主题的社会实践中涵盖更多的职业及行业,接下来,课程管理领导小组需要进一步完善课程中有关社会认知的组成部分,并探索适合中学生的社会认知方式。

第二节 生涯探索能力的总结性评估数据与分析

青少年生涯教育在不同阶段有不同的目标,小学阶段的生涯教育重在启蒙,让小学生能够建立生涯教育的意识,树立终身学习的观念;初中阶段的生涯教育重在探索,让中学生学会自我认知和社会认知的方法并开始进行生涯探索。在这个阶段建立正确的生涯认知和生涯探索能力,对学生来说是惠及终身的。校内生涯课程的主要目标是通过排入课表的正式课堂学习,培养学生的自我认知能力和社会认知能力,在此基础上进行生涯探索。

调研人群

本次调研的对象为本校初二学生。共调研 5 个班级,其中 2 个班级的学生本学期上过校内生涯课程,共 8 个课时,每课时 45 分钟,其余 3 个班级未上过该课程。

调研目标

本次调研旨在初步了解初中生的生涯探索能力情况,验证校内生涯课程对初中生生涯探索行为的积极作用,并在此基础上,研究其他潜在因素对初中生生涯探索行为的影响。

研究假设

本次研究将初中生的生涯规划情况划分为 5 个部分进行考察，分别是自我认知情况、社会认知情况、生涯探索情况、选择能力和学业规划（这两个能力我们在课程板块上都划入个人成长板块），与校内生涯课程的大纲基本保持一致。因此我们认为，参与过校内生涯课程的学生在上述 5 个方面一定程度上都会优于未参与过课程的学生。

研究方案

通过线上问卷形式，收集包括自我认知情况、社会认知情况、生涯探索情况、选择能力和学业规划等评价维度在内的数据，通过统计学方法描述初中生在上述 5 个维度的情况，并对比分析参与校内生涯课程是否对上述 5 个维度有影响。

问卷制作

本次问卷结合校内生涯课程大纲、生涯教育前沿研究内容，为每一个维度设置了相应题目进行考察与度量。我们邀请了生涯规划教育方面的专家，对问卷题目及选项进行多轮讨论修改，形成了包含 18 个基础题目及 5 个人口学信息题目的最终版问卷（图 5.5）。本次问卷通过专家多轮评审，综合考虑了生涯教育的各项研究内容和初中生阅读答题风格，保证了问卷的内容效度及预测效度，可以在较高的水平上反映初中生生涯探索的真实情况。

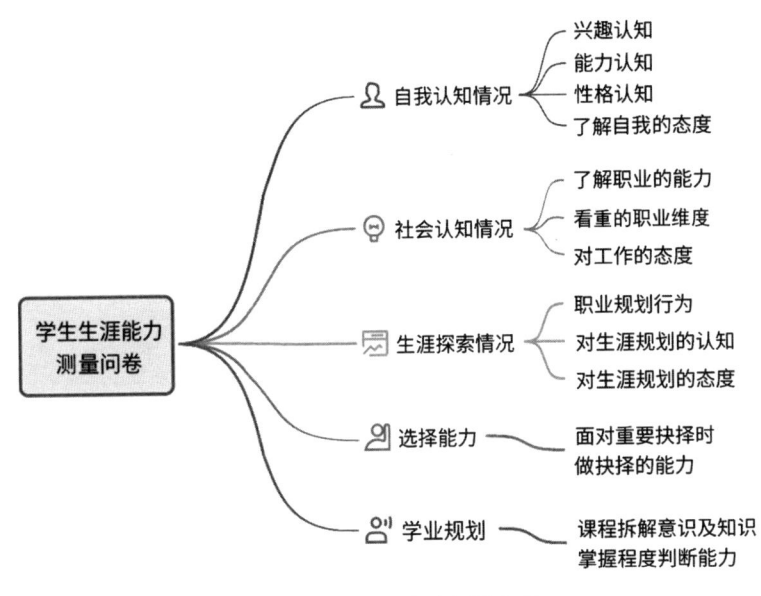

图 5.5　学生生涯能力测量问卷

人群选择及数据回收

本次问卷采用随机抽样方式,对初二 5 个班级进行数据收集。5 个班级的学生年龄均在 13—15 岁间,男女比例均接近 1∶1,且各班级学生学业水平接近,班级间无明显能力差异。

数据分析

本次调研共收集 264 份问卷,删除重复及无效问卷后,共有 168 份有效问卷。其中,上过校内生涯课程的问卷共 93 份,未上过该课程的问卷共 75 份。

由于多个度量项目的分数范围不同,进行项目间横向对比时容易引发歧义,因此在正式处理数据前对各项目分数进行了标准化处理,细节如下:

项目	处理前分数范围	标准化后分数范围
兴趣了解程度	1—5	1—5
性格了解程度	1—5	1—5
能力了解程度	1—5	1—5
自我认知态度	1—5	1—5
自我认知综合评分	4—20	1—5
了解职业能力	0—4	1—5

本次研究目的是了解初中生生涯探索能力情况,验证校内生涯课程的积极作用。因此,我们将"生涯规划情况自评""生涯规划行为""自我认知""社会认知"等相关项作为因变量,将"是否上过课程"作为自变量,分析其影响情况。另外,我们还综合分析了"自我认知""社会认知""是否参与兴趣班"等变量对"生涯规划情况自评"和"生涯规划行为"的影响,进一步探索影响初中生生涯探索的因素,为后续课程的优化提供思路。

本次数据使用 SPSS 26.0 软件进行分析,运用了 t 检验、方差分析、相关分析等多种统计学方法,充分挖掘各变量之间的关系,得出结论如下:

研究结果

自我认知情况

自我认知情况分为"兴趣认知""能力认知""性格认知"及"了解自我的态度"。我们在对四项指标进行度量后,综合得到"自我认知综合得分"。以"是否上过校内生涯课程"作为分组变量,将上述 5 个指标进行独立样本 t 检验后得出:

- 兴趣认知:是否上过课程对初中生的兴趣认知影响并不明显。从平均得分来看(满分 5 分),初中生对自己的兴趣认知普遍较深。
- 能力认知:上过课的学生能力认知得分高于未上过课的学生,前者在校内生涯课程的影响下,可以更清晰地了解自己的特长和优势。
- 性格认知:上过课的学生性格认知得分高于未上过课的学生,前者对自身性格的认知程度更深。
- 了解自我的态度:两类学生对了解自我的态度差异不大,但大多数学生的态度介于"我觉得深入了解自我可能很重要"和"我觉得无所谓,了不了解都一样"之间,初中生对了解自我这件事情的理解有待加深。
- 自我认知综合水平:参与过校内生涯课程的学生自我认知综合得分高于未参与的学生,该课程对初中生自我认知能力的培养有明显积极作用。

自我认知综合水平=(兴趣认知评分+能力认知评分+性格认知评分+了解自我态度评分)/4

维度	分组	n	平均分	标准差	t	显著性
兴趣认知得分	上过课	93	3.548 4	1.037 52	0.086	0.931
	未上过课	75	3.533 3	1.189 29		
能力认知得分	上过课	93	3.311 8	1.021 28	0.794	0.429
	未上过课	75	3.173 3	1.201 05		
性格认知得分	上过课	93	3.580 6	1.106 53	0.518	0.605
	未上过课	75	3.493 3	1.070 15		
了解自我的态度得分	上过课	93	3.752 7	1.411 57	0.087	0.931
	未上过课	75	3.733 3	1.464 29		
自我认知综合得分	上过课	93	3.548 4	0.806 11	0.517	0.606
	未上过课	75	3.483 3	0.814 08		

社会认知情况

社会认知情况分为"了解职业的能力""看重的职业维度"和"对工作的态度"来考察,我们计算了参与过课程与未参与过课程的学生"了解职业的能力"平均得分,以及两者对职业和工作的不同认知情况和态度分布,对比两者数据后可得:

- 了解职业的能力:上过课的学生对职业的了解能力更高,但综合来看,初中生的职业了解能力均处于较低水平。

维度	分组	n	平均分	标准差	t	显著性
了解职业的能力得分	上过课	93	1.892 5	1.394 57	1.361	0.175
	未上过课	75	1.626 7	1.136 3		

- 看重的职业维度：上过课的学生明显更看重未来的职业能否体现个人能力和特长，校内生涯课程中强调职业规划要与自我认知充分结合，在该点上有明显体现。

对于未来的职业，你会考虑哪些方面？	未上过课		上过课	
	n	占比	n	占比
工作的薪酬	43	57.33%	60	64.52%
工作内容与性质	37	49.33%	43	46.24%
工作所在行业的前景	32	42.67%	50	53.76%
个人能力和特长是否能够得到体现	44	58.67%	67	72.04%
工作与生活平衡	43	57.33%	44	47.31%
工作对社会发展的价值	33	44.00%	36	38.71%
其他（请注明）	2	2.67%	4	4.30%

- 对工作的态度：有更多未上过课的学生对工作持有"工作是为了生活，要做到顺其自然"和"通过工作可以多赚点钱，过个好日子"的偏消极态度。综合来看，上过课的学生对工作的态度相对更加积极。

对于未来的职业，你会考虑哪些方面？	未上过课		上过课	
我几乎没有思考过这个问题	4	5.33%	3	3.23%
工作是为了生活，要做到顺其自然	23	30.67%	18	19.35%

续 表

对于未来的职业,你会考虑哪些方面?	未上过课		上过课	
通过工作可以多赚点钱,过个好日子	32	42.67%	35	37.63%
希望有一份喜欢的工作,工作需要开心	53	70.67%	67	72.04%
希望在工作的过程中为社会做出贡献	25	33.33%	33	35.48%

- 职业多样性选择：另外,我们在统计学生未来想做的职业时发现,未上过课的学生更倾向于选择"教师""医生""律师"等更为学生熟知的职业,上过课的学生想做的职业类型则更为丰富,包含了"B站博主""珠宝设计师"等。从这一点来看,上过课的同学对职业的认知更为广泛,一定程度上也反映了该群体对社会的认知程度更深。

生涯探索情况

我们询问了学生未来想要做的具体职业,以及他们对生涯规划的认知情况和未来行为。对比上过课和未上过课的学生群体后,得出以下结论：

- 想要做的具体职业：我们要求学生列举三个未来想要做的职业,经过文字分析发现,虽然在有无明确的职业规划上两类学生没有明显差别,但是上过课的学生想要做的职业更为丰富,不局限于"教师""医生""律师"等常见职业。

		未上过课		上过课	
		n	占比	n	占比
是否有职业规划	无规划	41	54.67%	50	53.76%
	有规划	34	45.33%	43	46.24%
是否规划常见职业	否	18	50.00%	31	72.09%
	是	18	50.00%	12	27.91%

- 对生涯规划的认知情况和未来行为：在生涯规划的认知上，两类学生没有明显差别。但是在具体的生涯规划行为上，有更多未上过课的学生会认为"给自己设定一个固定的职业目标"是正确的选择，校内生涯课程中强调生涯规划是动态的，需要根据不同时期的自我情况和社会情况进行动态调整，未上过课的学生对该点的理解显然较浅。此外，对生涯规划暂时没有想法的未上过课的学生占比也相对更高。而上过课的学生更多会在生涯规划时"充分听取老师父母的意见""探索不同职业领域，了解自己的兴趣和优势"，这也充分体现了上过课的学生在做生涯规划相关考虑时相对更加成熟，思路更加清晰。

你认为生涯规划是什么？	未上过课		上过课	
	n	占比	n	占比
生涯规划是一个详细复杂的事情，我现在对它还没有太多了解	15	20.00%	23	24.73%

续 表

你认为生涯规划是什么？	未上过课		上过课	
	n	占比	n	占比
生涯规划是一份详细的职业计划，需要现在就制订好，以确保未来的成功	30	40.00%	32	34.41%
生涯规划是一份单向的路线图，需要从现在开始一直遵循，才能取得成功	10	13.33%	14	15.05%
生涯规划是一个自我探索的过程，需要通过了解个人兴趣和社会情况，制定职业路线	51	68.00%	52	55.91%
生涯规划是一份家庭遗传的任务，要根据父母预期和建议，规划职业道路	5	6.67%	9	9.68%

你会如何进行生涯规划？	未上过课		上过课	
	n	占比	n	占比
我暂时还没有非常好的想法	14	18.67%	8	8.60%
充分听取老师父母的意见，制定相应的未来职业规划	22	29.33%	34	36.56%
探索不同的职业领域，以便更好地了解自己的兴趣和优势，并基于此制定职业规划	40	53.33%	55	59.14%
给自己设定一个固定的职业目标，并追求它，不考虑其他职业领域	17	22.67%	14	15.05%

续　表

你会如何进行生涯规划?	未上过课		上过课	
	n	占比	n	占比
尽量不过多考虑做什么职业,更关注追求快乐和愉悦的生活	19	25.33%	29	31.18%

选择能力

- 在选择能力上,上过课的学生和未上过课的学生没有明显差异。

在面临重要抉择的时候,你会如何思考?	未上过课		上过课	
	n	占比	n	占比
我没有遇到过什么重要抉择	2	2.67%	6	6.45%
我做选择时会听从自己内心的声音	40	53.33%	45	48.39%
我做选择时会对客观条件进行分析	37	49.33%	45	48.39%
我会因为害怕自己做出错误的选择而放弃选择权	8	10.67%	14	15.05%
我对做出的每一个选择都愿意承担后果	32	42.67%	41	45.81%
我会考虑直接接受父母的建议	20	26.67%	21	22.58%

学业规划

- 在课程拆解意识及对知识点掌握程度的判断能力上,上过课的学生会更多认为"通过考试可以了解自己掌握某个知识的程度",但在"知识拆解"方面,两类学生没有明显差别。

你如何判断自己对某个知识掌握程度?	未上过课		上过课	
	n	占比	n	占比
我几乎没有仔细思考过这个问题	9	12.00%	7	7.53%
我不太能确定自己掌握了多少	20	26.67%	25	26.88%
我认为通过考试能够了解自己掌握的程度	29	38.67%	40	43.01%
我会把知识拆解成更细的点来逐个评估	17	22.67%	21	22.58%

生涯规划的影响因素

我们询问了学生目前的生涯规划情况,将其作为因变量进行1—5分的评分,得分越高代表现阶段学生的生涯规划做得越细致深入。综合考虑了兴趣认知程度、性格认知程度、能力认知程度、社会认知程度和是否上过兴趣班等自变量后,得出以下结论:

自身兴趣、性格及能力认知程度的影响

对兴趣认知评分、性格认知评分、能力认知评分和生涯规划情况评分进行相关分析后,我们发现:生涯规划情况与三者均

成正相关，也就是说，学生对自我的兴趣、能力、性格认知越清晰，当前生涯探索做得越深入，这也充分证明了校内生涯课程中对学生进行自我认知教育的重要性。从统计学角度来看，兴趣认知和生涯规划情况的相关系数相对更高，因此我们可以认为，兴趣认知对初中生的生涯规划影响更大，因此后续课程可以着重帮助学生进行兴趣认知方面的能力构建。

变量		生涯规划情况得分	兴趣认知	能力认知	性格认知
生涯规划情况得分	相关系数	1	0.312**	0.173*	0.220**
	显著性		0	0.025	0.004

社会认知能力的影响

我们利用本次问卷中学生填写的"未来期望做的职业"是否为传统职业来标定学生的社会认知能力，如果学生的理想职业中有"教师""医生""律师"等职业，我们认为学生的社会认知能力偏低，反之则其社会认知能力偏高。在此基础上，我们分析了不同社会认知能力的学生的生涯规划情况，发现我们所界定的不同社会认知能力的学生在生涯规划上没有明显差异。该结论与我们的认知出入较大，可能是"社会认知能力"界定的标准过于宽松，后续调研中，我们可以通过更多维度来考察学生的社会认知能力。

课外学习的影响

我们本次收集了学生"是否上过课外兴趣班"的数据，通过分析发现，上过课外兴趣班的学生生涯规划情况得分为 2.83，比未上过兴趣班的学生得分 2.40 更高。我们可以推断，课外兴趣班帮助学生进行了更加深入的社会探索，让学生接触到学校课程外的更多知识以及更多职业，对学生的职业生涯探索有积极帮助。

维度	分组	n	平均分	标准差	t	显著性
生涯规划情况得分	上过兴趣班	138	2.83	1.612	-1.212	0.233
	未上过兴趣班	30	2.40	1.773		

本次问卷调查验证了我校开发的校内生涯课程对学生生涯探索能力培养的积极作用，也具体分析了对生涯探索能力培养的影响因素，为后期课程迭代与更新提供数据支撑。

第三节 德善少年生涯品格评估数据与分析

一个人对于善恶的自我评价，受限于他对善恶标准的理解。有人觉得"勿以恶小而为之"，每天做好力所能及的小事，不作恶，对得起自己的内心，就是"善"；有人信奉"达则兼济天下"，当他有足够的能力去帮助他人却安于小我时，他就没法说自己"止于至善"。由此可见，所有对价值观的自我评估，都受限于对价值观本身的理解。虽然校方对"志、勤、责、勇、信、创"都给出了确定的解释,并对每个小点都做了不同程度的文字描述,但这些描述很难做到绝对清晰。每个学生、每位老师都会有自己对这些文字的解读,没有办法做到绝对统一。因此,针对学生自我主导的价值观类的评估,最重要的不是教师审核的评估结果,而是学生自主评估的过程。德善少年生涯品格评估的目的不是设立好一系列标准后,让每个学生朝着最高标准去强化行为,而是让学生关注整个评估的过程,让学生真正有所思、有所得。

课程评估小组比较了两位学生的自我评估,发现了他们在评估过程的差异。课程管理领导小组发现,虽然C同学的整体评估等级不高,在三个评估档次(有所行动、积极进取、行为典范)中,C同学在六项品格中没有一项赋予了自己"行为典范"这个等级,但是C同学对品格的评估标准阅读得非常仔细,比如在"勤"这个生涯品格上,"有所行动"的标准就是"生活中减少对父母的依赖,自理能力得到提升;学习上改善学习自觉性,降低父母的监督欲求",C同学的自我举证就非常符合"有所行动"的标准(图5.6)。再来看D同学的自我评估结果,D同学给自己每一项品格都赋予了"行为典范"的等级,但是如果仔细阅读该同学的自我举证部分,就发现他的"勤"也仅仅体现在自觉、自主学习上,并没有体现"行为典范"要求的"能够自觉调配学习时间,自发探索学习方法,在生涯决策时有思考有主见,能够在与父母沟通后达成决策一致"(图5.7)。

所以,生涯指导教师一定要根据学生的自我评估过程和结

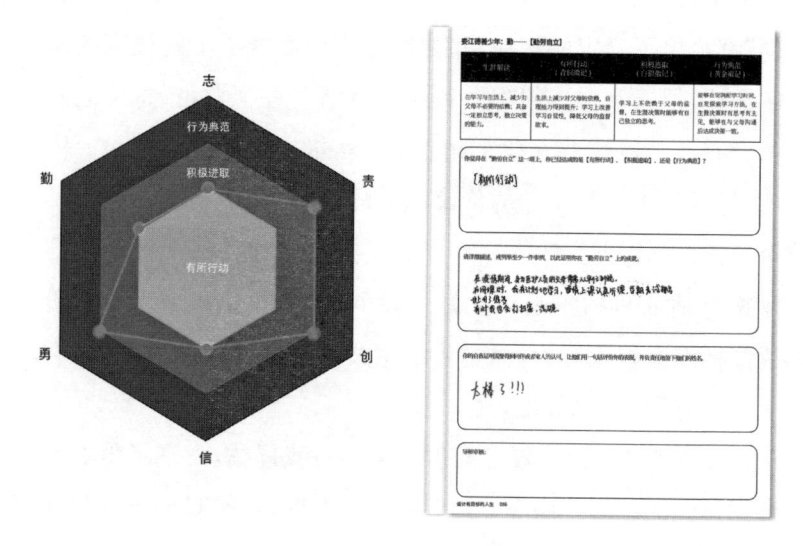

图 5.6　C 同学的生涯品格评估

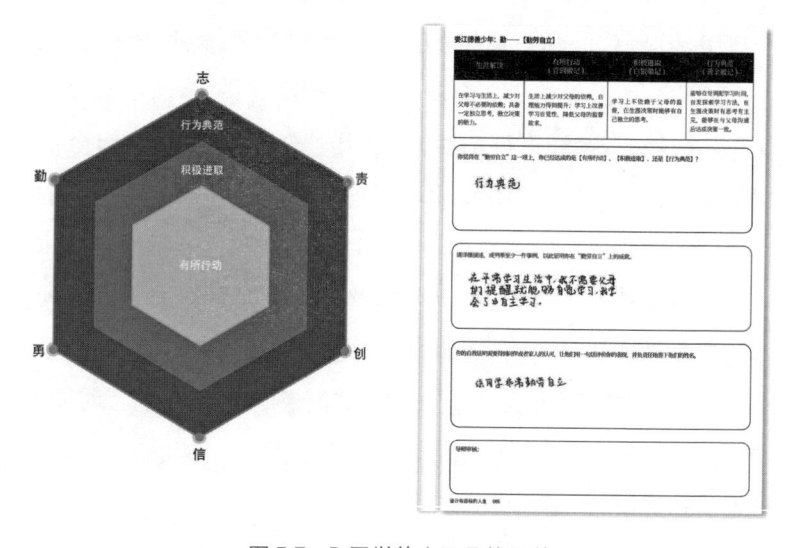

图 5.7　D 同学的生涯品格评估

果与学生进行探讨和交流。教师可以基于学生的自我评价,以提问的方式引导学生进一步了解不同等级的品格标准,并指出学生可以进步的空间。在交流的过程中,学生也可以明确自己在哪些方面还需要改进和努力。通过交流和互动,教师可以让学生在独立的思考和判断中保持自我监控的能力,提高其自我管理和自我发展的水平。

在阅读学生的生涯品格评估中,课程评估小组发现一些学生具有非常明显的创造型的兴趣爱好(图5.8)。举个例子,有一个学生在自我评估中表达了自己对写作的极大热情,并以自己在写作方面的表现来评估自己在六个生涯品格上的表现。当老师们发现这种情况时,应该鼓励该生进一步尝试,来获得社会和他人对自己特长的反馈。例如,可以鼓励这名学生提升自己的写作技能,并且可以尝试发表自己的作品。同时,老师应该与学生进行沟通,探讨如何平衡自己的学习和兴趣,让兴趣推动学习,而不是背离学习的目标。

生涯评估小组建议,在接下来的课程中,课程研发小组可以考虑对生涯品格进行更加详细的解读。这将为学生提供更加具体的行动指引,鼓励他们在日常学习和生活中践行生涯品格。解读应与学生的学习和生活密切相关,以帮助他们更好地理解自己的优势和劣势,并明确自己在哪些方面需要加强和提升。此外,具体的标准也将为学生提供更明确的进步方向。课程研发小组可以通过课程内容和活动来鼓励学生积极践行生涯品格。学校也可以通过家长论坛向家长介绍生涯品格的重要性,邀请家长也参与到学生的生涯评估的教育中来,和学校携手共促学生的品格发展。

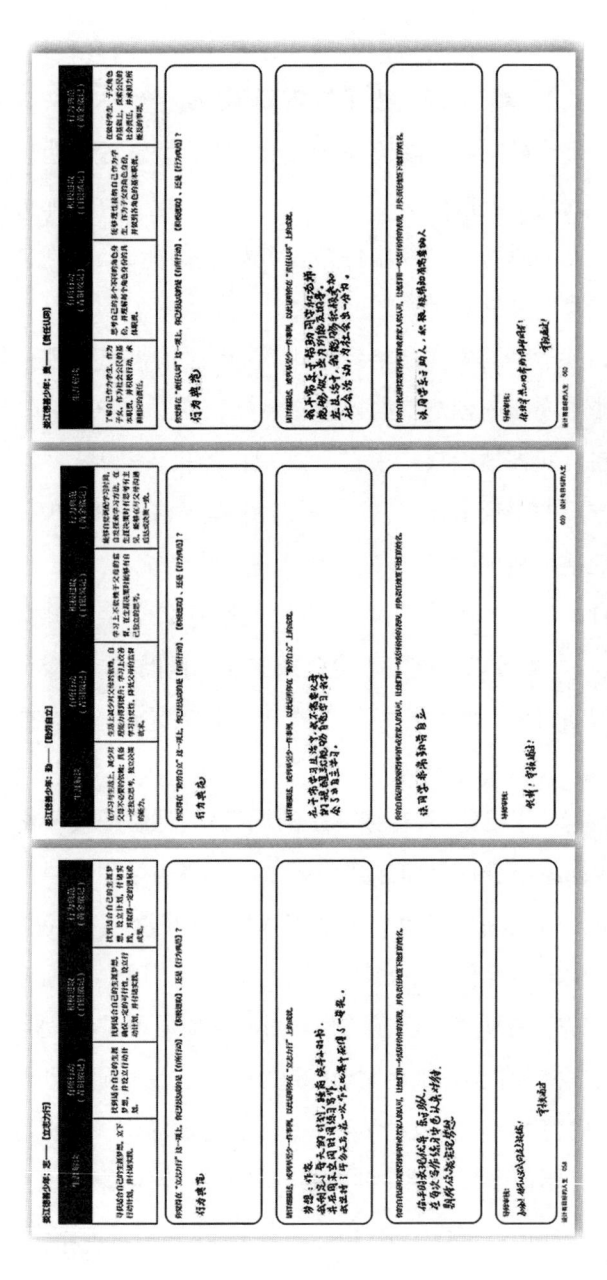

图 5.8 生涯品格评估体现出部分同学清晰的创造型兴趣（1）

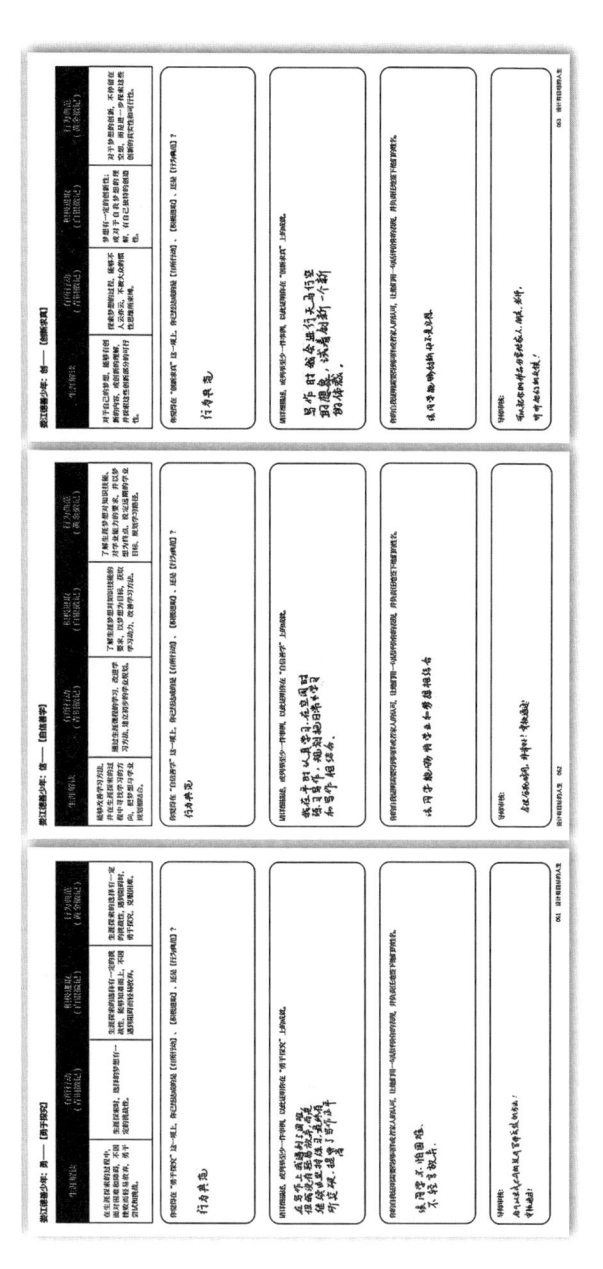

第五章 整体评估和学生案例 | 181

图 5.9 生涯品格评估体现出部分同学清晰的创造型兴趣（2）

第四节 学生案例分享

在校内生涯课程中,学生的感受是至关重要的。他们对课程的感想及在课程中的收获可以给学校提供宝贵的反馈信息。基于这些反馈,课程管理领导小组可以更好地了解学生的需求和期望,并且根据这些信息对课程进行针对性的优化,提升学生的学习体验。

课程评估小组通过征集学生对校内生涯课程的感想和收获,获得了许多有关生涯课程的启示。这些文字作品记录了学生在生涯课程中印象最深刻的瞬间和体会。在本节中,我们将展示五位学生的文字作品,用于探讨校内生涯课程带给学生们的心灵启示和成长。

▶ 学生案例一

学生年级:初二

初二的第一个学期,我第一次接触到校内的生涯教育课程。以前我从来没有听说过这种课程,完全不了解"生涯"这个词的含义。然而,在经历了两个学期的生涯学习之后,我开始对"生涯"这个词,也对自己的未来有了一些思考。

在"生活抉择"这一节课中,老师带领我们玩了一个很有趣的游戏——选择自己喜欢的岛屿,并成为它的永久居民。起初,我很兴奋地去选择最吸引我的岛屿。最吸引我的岛屿是一个非常富庶的岛屿，里面住着很多银行家、成功的商人，也有很多高档的酒店。因为我一直想成为一名金融行业的工作者，所以我毫不犹豫地选择了这个岛屿。

然而，在游戏的过程中，老师要求我们向这个岛屿提交一份永久居民的申请，申请当中要介绍自己的兴趣、性格和能力优势。岛主会根据我们提交的申请，决定我们是否有资格成为这个岛屿的永久居民。在填写申请的时候，我突然意识到，岛屿要选择适合它的守护者，这样才能为岛屿创造出更多的价值。

这节课带给我最大的启示是，人生就是一个不断选择和被选择的过程。我们每一次选择之前，都需要认真聆听自己内心的声音，并且了解自己的优点、缺点、兴趣和特长，才能做出最适合自己的决策。与此同时，我们也需要增强自己的实力，提高自己的能力，让自己成为能够被选择的人。

因为父母的影响，我对金融这个领域一直很感兴趣，我也知道金融行业的竞争格外激烈。所以，我要认真学好数学，同时加强我的沟通和表达能力，为未来争取更多的可能性。

学生案例二

学生年级：初一

每一次上生涯课的时候，我觉得最有趣的地方之一便是能读到许多优秀人物的生涯故事。这些优秀人物的故事和成功经历，总能给我带来无限的启发和想象。

在"生涯行动"这一课中，我读到了马斯克的例子。马斯克的"火星计划"看起来非常的不切实际,实现起来有很多的困难和阻碍,但是他为此创立了九个不同的公司,逐步地把实现这个目标的步骤铺展开来,最终也让这个目标变得更加接近现实。

马斯克的"火星计划"让我联想到了自己的梦想。我的目标是能够进入名牌大学读书。以前我觉得这个目标非常难实现,毕竟名牌大学只会招收非常优秀的学生,而我目前的成绩还挺一般的。但是在学习了目标分解的方法之后,我发现只需要将这个看起来遥不可及的目标,分解成短期、中期、长期不同的目标,就可以让它变得更加具体和现实。

还有一节课让我印象非常深刻,就是"生涯品格"这一课。因为我爸妈经常说我是一个容易半途而废的人,我也感觉到自己的毅力和坚持力还有待加强。但是通过学习袁隆平的成功案例,我发现很多成功的人在一开始坚持的事情,也并不是所有人都看好的。但是他们始终坚持下去,因为只要保持这样的状态,他们就会变得更加优秀,也更有可能实现自己的理想。

所以,生涯课程让我意识到了一些看起来遥不可及的目标,其实是可以通过目标分解来付诸行动和实现的。要想在自己的人生途中一路疾行,就需要不断地锻炼自己的"生涯品格",坚持下去,才有可能成就非凡。

学生案例三

学生年级:初二

在这个日新月异的时代,作为一名初中生,我们的学习并不止于各科的知识,还需要关注自己未来的生涯发展。在学校的生涯课程中,我最喜欢的是自我认知部分。通过此课程,我开始认识到自己的兴趣在未来的生涯发展中有着重要的作用,因此我开始反思自己的兴趣到底有哪些。

在兴趣探索这节课中,老师给我们讲解了什么是创造型兴趣,也就是那些需要我们去付出时间和精力才能完成的兴趣,这些兴趣是非常有价值的。这让我想起自己小时候最喜欢的玩具积木,我总是喜欢花费很多时间来搭建各种复杂的模型。这件事情让我明白,自己的兴趣并不一定要与一些主流的爱好相符合,只要是自己认为有趣的事情就好。

在分析自己的创造型兴趣时,我写下了我最喜欢的兴趣,也就是写小说。我很喜欢将故事通过言语以幽默的方式表达出来。这节课让我开始认识到我的兴趣在生涯中的可能性,而此时,老师给了我很多探索的方向,比如要成为一名职业作家需要什么样的能力,还需要了解职业作家与业余作家之间的区别。我开始对这些问题展开了解,这也坚定了我想要进一步提升自己写作技巧的决心。我希望自己对待写作不是业余消遣,而是在写作技巧上不断打磨,突破自己。

我认为在生涯课程中,自我认知部分对我的启示是最深刻的。在这之前,我并不知道自己的兴趣在未来生涯发展中的重要性,也不知道如何真正地去探索自己的兴趣。但是现在,经过这节课的启示,我对自己的未来充满了自信。我知道自己喜欢什么,也知道如何去探索和发展自己的兴趣。我会尽可能地去磨炼自己的技能,不断积累经验,最终实现自己的梦想。

最后,感谢生涯老师对我生涯发展的帮助和指导,让我能够更清晰地认识自己和未来的方向。让我们带着自己的梦想,为未来努力拼搏吧!

▶ 学生案例四

学生年级:初一

虽然校内的生涯课程也非常有趣,但是生涯课程中我最喜欢的还是社会实践部分。

那一天,当老师在班里组织社会实践报名时,我毫不犹豫地选择了去悦丰岛。因为平时学业较为繁重,我想趁着这次机会,去享受一下大自然。

当我看到班里好几个同学也选择了去悦丰岛,我很高兴。因为终于可以在课堂之外和同班同学进行交流。拿到生涯老师给我们的活动手册之后,我才发现这场活动的主题是探索都市农业。

在我的印象中,农业都是面朝黄土背朝天的。但当我们走进悦丰岛之后,我完全没办法把眼前所看到的和农业联系在一起。因为所有的东西都非常现代,而且老师给我们介绍有机种植的时候,我才发现原来现在人们对吃的东西要求那么高。

我虽然一向对农业不太感兴趣,但是通过这次活动,我切身感受到社会上许多行业都发生了巨大的变化,与我之前的想象大不相同。在这个时代,不管从事哪个领域,我们都必须不断学习和探索,积累自己的知识和技能,才能在这个快速变化的环境中生存和发展。这次活动让我对这个领域有了全新的改观,拓展了眼界,也让我对未来的发展更有信心了。

生涯课程给了我们更广阔的视野,让我们能够更加自信地面对未来的挑战。

学生案例五

学生年级:初二

从小我就十分向往老师这份职业,我向往着那种可以帮助他人的幸福感。我班里的老师一直以来都是我的榜样,他们不仅仅是知识的传播者,更是我学习路上的导师和精神支柱。在我情绪低落或是学习落后的时候,他们总是能够积极、耐心地帮助我,给予我热情与鼓励。因此,我向父母表达过自己成为一名老师的愿望,这是我一直追求的梦想。

虽然有这个梦想,但我其实不知道自己适不适合当老师。所幸,学校为我们开设了生涯课。生涯课程带给我的帮助可谓是方方面面。在探索自我方面,老师通过生动的性格动物园游戏,让我们了解到每个人性格的多样性,并且提醒我们认清自我,意识到性格也是在不断变化的。在游戏中,同学们听到某种动物的名字就会立刻站起来,让我更明白了自己的性格特点。看着自己的同学在欢笑声中认识自己,我的心情也不由得轻松了许多。然后老师播放了这些动物的视频,全班同学都非常兴奋,当视频中展现的动物与自己有共鸣时,同学们常常哄堂大笑。在这节课上,我不仅仅认识到了自己的性格,也了解了身边人的多样性。

在生涯课上,我利用生涯图景这一思考框架,也更加清晰地认清了自己的生涯梦想和目标。我认为我的性格非常适合成为一名老师，或者从事任何与人交际的工作，因为我很有耐心。当然，要成为一名合格的老师，还需要具备很多其他方面的素质，比如教育教学技能和沟通能力。在了解到教师资格证这一硬性条件时，我感到了一丝畏惧，因为我害怕在面试中表现不佳。因此，在我的生涯行动计划中，我决定暑假要去尝试一下演讲类的兴趣班，以此增强自己的沟通和表达能力。

在生涯课中，老师一直强调，很多时候自己对一份职业的喜欢仅仅是冲动，或者是对它的认知不够全面。我非常喜欢老师教给我们的思维框架，我可以用它去探索很多种不同的职业。

案例启发

通过阅读和分析学生案例，评估小组倾听学生真实的声音，获得了学生对校内生涯课程的关键反馈。首先，评估小组发现学生非常喜欢生涯课堂中以活动、游戏形式为主的授课方式。这种形式下的活动可以让学生在游戏中有更多的成长，而且，他们全身心参与了游戏，这类游戏带给他们的思考也会非常深刻。因此，有必要加入更多的游戏和互动活动，以增加学生的参与度和提高教学的趣味性。

其次，对于生涯人物案例，学生也给予了较高的评价。除了生涯人物的成功经历，他们更加关注案例中人物的成长过程及其克服困难的经历，这些案例有助于让学生理解成功路上的顺境与逆境。因此，引入更多的生涯案例，将重点放在人物的成长历程和故事情节上，有利于学生更好地了解和体验真实的职业生涯。

学生还对具体的方法论表现出浓厚的兴趣，特别是类似目标分解这样的方法，可以帮助他们更好地实现生涯目标。因此，学校可以通过教育教学，帮助学生掌握实用的方法论，并在实践中加以运用。

最后，教师的引导在学生的生涯教育中扮演着重要角色。老师及时提供反馈和建议，可以更好地指导学生的学习和发展。因此，在教育教学过程中加强教师的引导作用，特别是在引导学生思考人生、规划目标以及未来职业等方面，可以培养学生积极向上的职业态度，也能帮助学生更准确地理解和把握职业的本质和特点。

第五节　基于评价的反思与展望

在义务教育阶段开展生涯教育，不仅能满足国家发展的需求，也是落实立德树人这一根本任务的重要路径之一。实施生涯教育对于学生个人成长与终身发展具有积极意义。在过去几年中，昆山市娄江实验中学通过积极探索，逐步建立起一套适合中学生的校内生涯课程体系。该体系的实施不仅反映了学校对长远主义教育价值的追求，更是对学生品格和综合素养培养的高度重视。

在实施校内生涯课程的两个学期中，课程评估小组通过对数据的收集和分析，发现生涯课程对我校学生的自我认知能力的培养有着明显的积极作用。学生不仅对自己的能力认知更加清晰，而且更加注重个人能力和特长是否能在未来的工作中被充分体现，这对于学生构建积极的生命意义和实现自我价值都具有重要意义。此外，学校还发现，在校内生涯课程中，学生们加深了对自己品格和行为的思考和理解，进一步体现了学校对培养学生关键能力和完整人格的重视程度。这些发现都表明，校内生涯课程的实施对学生的健康成长和终身发展具有显著的促进作用。

总结性的问卷评估数据和学生在校内生涯课程中创作的生涯图景都反映出初中生对职业的认知水平相对较低。为此，课程管理领导小组认为有必要增加并设计更多适合中学生的社会认知内容，重视校内生涯课程的作用，辅以符合生涯教育主题的社会实践活动，让学生更好地了解社会各种职业、社会发展趋势和国家发展需求。校内生涯课程要对学生进行启发，鼓励学生将个人优势与国家发展需求融合，为成为祖国的栋梁努力奋斗，展现出优秀社会主义接班人的风貌。

学校在实施生涯教育的过程中，通过建设校园文化、组织教师工作坊和举行家长讲座，展现了学校师生和家长对生涯教育的全面支持。通过这些努力，学校目前已为长期开展生涯教育打造了良好的生态环境和基础建设。学校的生涯教育工作要长期开展下去，并为学生的终身成长、能力和品格的培养、自我价值和社会价值的统一发挥积极的作用。在义务教育阶段，除了传授各类知识外，更为重要的是让学生具备正确的人生观和价值观，并给予他们生涯探索和规划的能力，让学生在面对不断变化的社会环境时，能够基于自我认知和社会认知，做出最适合自己的选择。

学校在生涯教育工作取得的成果得益于多方面的支持,也需要不断地更新,适应社会的变化和学生的需求。只有以学生为中心,以培养发展能力和品格为目标,才能真正实现生涯教育的价值,为学生的未来发展带来更多的机会和选择。

参考文献

[1] 杨丽芳,吴春苗,刘会强,郑婷婷. 美国职业生涯教育的发展历程与启示[J]. 职教通讯,2021(9):114-121.

[2] SUPER D E. Vocational Development:A Framework of Research [M]. New York:Columbia University Bureau of Publication,1957:46-47.

[3] 叶依群. 美国《加强21世纪的生涯与技术教育法》:背景、特征及影响[J]. 职业技术教育,2019,40(03),62-67.

[4] 苏红. 生涯教育:从关注学业到关怀人生——美国以职业为导向改造教育体系的探索[N]. 光明日报,2021-01-28(14).

[5] 安宁. 芬兰学生生涯教育:启示、思考与建议[J]. 新教育(海南),2023(1):88-89.

[6] 白亚波. "双减"背景下重塑教育生态的意义与策略[J]. 教育视界,2022(1):8-11.

[7] 朱永新. 未来学校:重新定义教育[M]. 北京:中信出版集

团,2019.

[8] 杨忠健. 生涯教育与心理健康教育有何关系[J]. 中小学心理健康教育,2011(23):45-47.

[9] 俞国良,曾盼盼. 心理健康与生涯规划[J]. 教育研究,2008(10):63-67

[10] 樊富珉,何瑾. 团体心理咨询的理论、技术与设计[M]. 北京:中央广播电视大学出版社,2014.

[11] 刘连义. 把握初中生身心发展特点加强心理健康教育[J]. 辽宁教育行政学院学报,1998(02):2.

[12] 乔志宏,刘艳,朱婷. 职业生涯教育,不应始于高考志愿填报[J]. 教育家,2022(29):38-39.

[13] 王瑞明,徐文明,高珠. 中小学生品格的结构及测评[J]. 华南师范大学学报(社会科学版),2021(06):56-68+206.

[14] 玛雅·比亚利克等. 21世纪的品格教育:学生应该学习什么(上)[J]. 数字教育,2018(05):78-84.

[15] 肖宇. 新课标下,课堂评价如何实施?[J]. 教育家,2023(01):1.

[16] 李小霞. 在初中历史课堂渗透生涯教育的教学策略[J]. 名师在线.2023(12):94-96.

[17] 王尧骏,刘颖. 心理资本视域下研究生职业生涯教育体系的建构[J]. 校园心理.2023(02):139-144.

[18] 蒋士会,苗玥明. 澳大利亚中小学职业生涯教育:经验与启示[J]. 当代职业教育.2023(02):95-102.

[19] 沈之菲. 开启未来之路——中小学生涯教育实施指南[M]. 上海：华东师范大学出版社,2019：27.

[20] 张小雁. 小学生涯教育的现状、问题及对策研究[J]. 中小学班主任. 2023(02)：52-56.